经济学理论
与思维研究

李京蓉 著

延吉·延边大学出版社

图书在版编目（CIP）数据

经济学理论与思维研究 / 李京蓉著. -- 延吉 ： 延
边大学出版社，2024. 7. -- ISBN 978-7-230-06895-6

Ⅰ. F0

中国国家版本馆 CIP 数据核字第 2024X6T503 号

经济学理论与思维研究

著　　者：李京蓉

责任编辑：金倩倩

封面设计：文合文化

出版发行：延边大学出版社

社　　址：吉林省延吉市公园路 977 号

邮　　编：133002

网　　址：http://www.ydcbs.com

E-mail：ydcbs@ydcbs.com

电　　话：0433-2732435

传　　真：0433-2732434

发行电话：0433-2733056

印　　刷：三河市嵩川印刷有限公司

开　　本：787 mm×1092 mm　1/16

印　　张：8.75

字　　数：180 千字

版　　次：2024 年 7 月　第 1 版

印　　次：2024 年 7 月　第 1 次印刷

ISBN 978-7-230-06895-6

定　　价：68.00 元

前　言

经济学家凯恩斯精辟地指出：经济学理论并没有给人们提供一套立即可用的结论，它不是一种教条，只是一种方法、一种心灵的器官、一种思维的技巧，帮助拥有它的人得出正确的结论。

从经济学产生的基础上进行分析，经济学是一门研究经济问题的科学。经济学的研究基于一个事实——稀缺性。一个社会的稀缺性集中表现为满足人们需要的物品与劳务是稀缺的。物品与劳务的稀缺主要表现在两个方面。一方面，人的欲望是无限的。与无限的欲望相比，任何物品与劳务都是稀缺的。根据物品满足人的欲望的程度，经济学把物品分为两种：第一，自由物品。这种物品可以无限满足人的需要，取之不尽，用之不竭。第二，经济物品。这类物品不能完全满足人的欲望，绝大多数属于经济物品。因此，人们占有、使用或消费它，就需要支付价格。稀缺程度越高，价格越高，人们经常说的"世上没有免费的午餐"指的就是这类物品。另一方面，生产这些物品与劳务的生产要素是稀缺的。经济学所指的生产要素包括：资本、土地、劳动和企业家才能。由于这些要素都是稀缺的，所以它们都有价格。资本的价格为利息，土地的价格为地租，劳动的价格为工资，企业家才能的报酬为利润。与其他商品的价格不同，生产要素的价格不是其所有权的价格，而是其使用权的价格。这些要素都是稀缺的，因此，它们不能无限地生产人们所需要的东西，从而造成满足人们所需要的物品的稀缺。

当具有多种用途的稀缺资源要求经济主体做出选择时，选择会带来成本，选择的成本被称为机会成本。机会成本是把一定资源用于生产某种产品时所放弃的另一产品的数量。它也是做出一次决策时所放弃的其他可供选择的好用途，是以同样资源从事相对于前者来说为次优事情所能获得的利益，也可以说是为了从事某件事情所必须放弃的另一件事情的利益。运用机会成本的概念，可以对一定资源的不同选择所能达到的经济收益进行比较，以便在使用这一资源时达到最大可能收益。

总而言之，经济学家在研究经济问题时，扮演了双重的角色：医生和辩护士。作为医生，经济学家必须对经济运行中所出现的问题和毛病以科学的态度，客观公正地分析，并开出医治疾病的药方，提出解决问题的建议。这时，经济学家是冷静和理性的，因而其提出的学说一定程度上是科学的。作为辩护士，他代表了部分集团和制度的利益，因而其分析又难免带有感情色彩，所以其研究的成果又带有非理性的成分和不科学之处。

不同的经济学家对同一问题的看法经常不一致。从政策建议来看，任何政策都会产生不同的结果，有些是有益的，有些是有害的。因此，对待不同的经济学说应有不同的态度。

为了确保研究内容的丰富性和多样性，笔者在写作过程中参考了大量文献，在此向涉及的专家学者表示衷心的感谢。

最后，限于笔者水平，本书难免存在一些不足，在此恳请读者朋友批评指正！

目　录

第一章 经济学理论概述

第一节 经济学的研究目的

简单来说，学习经济学的原因主要有如下五个方面：

第一，学习经济学有助于更好地理解人类世界的历史。

作为世界上唯一对自身感到好奇的动物，人类不断思考着自己的历史、现状，并试图预测自己的未来。在此，先回顾一下人类的历史。

早在 250 万年前，地球上就出现了被称为"人类"的动物。大约在距今 20 万年前，现代人类的祖先"智人"开始出现在非洲东部。在 10 万年前或最晚 7 万年前，智人开始走出非洲，向东北方向迁徙，首先到达了现在的中东地区。大约 4 万年前，智人的足迹已踏遍整个欧亚大陆，并通过海路到达了澳大利亚大陆和新几内亚岛。在距今约 15 000 年至 12 000 年，智人沿着西伯利亚冰川草原，越过白令海峡，来到美洲繁衍生息。在距今 1 万年前，世界上所有适宜居住的地区基本都已有了人类。

从体力和生物机能上看，很多野兽要比智人和现代人类强壮，如果单打独斗，人类根本不是它们的对手。但为什么弱小的人类最终能成为地球的主宰？迫使人类最早走出非洲，踏上征服世界征程的原动力又是什么？这些都是引人深思的问题。走出非洲的人类在世界各地定居下来后，文明历程就开启了。如果把发明文字作为文明的开端，那么人类的文明史已有 5 000 多年。但奇怪的是，在人类历史的绝大部分时间里，人类社会的一直进步缓慢，直到工业革命之后，才出现飞跃式的发展。

根据加州大学伯克利分校的教授估算，在工业革命前，世界人均 GDP（Gross Domestic Product，国内生产总值）是长期停滞的。在公元前 13000 年，世界人均 GDP 为 90 国际元，到了公元前 1000 年，世界人均 GDP 达到 150 国际元。到了 1750 年，也就是距今两百多年前，世界人均 GDP 上升到 180 国际元。也就是说，在这近三千年的时间里，世界人均 GDP 增加了 20%。

但在第一次工业革命之后，情况就发生了很大变化。第一次工业革命至今，世界人均 GDP 呈现出几乎直线上升的趋势。公元 2000 年的时候，世界人均 GDP 已经达到 6 600 国际元，是 1750 年的 36.7 倍。从第一次工业革命到公元 2000 年的近 250 年，只不过是人类 250 万年漫长历史的万分之一，为什么在这万分之一的时间里，人类能够完成生活质量的飞跃，实现从"大停滞"走向"大增长"的转变呢？显然，不能将其归因于人类基因变化所带来的智力提升。事实上，有证据显示，自采集时代以来，智人的脑容量其实是逐渐缩小的。既然"大增长"不是由人本身的智力变化带来的，它又来自何方呢？这是一个值得深思的问题。

在看了全世界的基本走势后，再来看一下各个地区发展趋势的差别。

在漫长的历史中，世界各地基本的生产和生活水平并没有大的差异。根据安格斯·麦迪森教授的估算，直到公元 1500 年，世界上最富有的国家的人均 GDP，也只是最穷国家的三倍左右。但在工业革命后，世界各国的发展水平差异迅速增大。在经济史的文献中，以上这种各国发展差异变大的现象被形象地称为"大分流"。为什么会有"大分流"现象出现呢？这又是一个大问题。学界对此有不少解释，但还没有公认的答案。

换个角度来看各国经济差异的变化。在古时候，国家的富强是和人口的繁盛密切相关的，因此人口规模和经济规模之间的相关度非常高。在公元 1000 年，即我国北宋的时候，全世界各地区人口规模和经济规模的相关系数是 0.997 9，几乎是完全相关；到了公元 1500 年，相关系数是 0.987 3；到了公元 1820 年，相关系数是 0.942 3。可以看到，从公元 1820 年开始，相关系数就迅速下降；到 1870 年，相关系数已经下降到了 0.64；到 1913 年，又进一步下降到了 0.34；到 1973 年，人口规模和经济规模之间的相关系数就只有 0.148 了。这意味着经济规模与人口规模几乎没有什么相关性，一个人口规模很大的国家，可能是很小的一个经济体；而一个人口规模很小的国家，则可能是一个很大的经济体。为什么会发生这种现象？这是一个有待回答的问题。

要理解这些问题，需要掌握经济学的基本知识。

第二，学习经济学有助于更好地改造自己生活的环境。

除了满足对历史的好奇心外，学习经济学还有更为实用的价值。相比于历史，人们对未来的好奇心可能更大。例如，前文提到的"大分流"，表明各国的发展差异在工业革命以来迅速增大了。但是，这种增大会持续吗？还是会从"大分流"走向"大趋同"？经济规模和人口规模的相关系数从 16 世纪开始持续了近 500 年的下降，1973—2003 年又转向上升，这个新的趋势会继续下去吗？再如，对于世界各国来说，为了更好地发展，究竟应该采用怎样的制度、运用怎样的政策呢？

相比于祖先，当今人类的各项福利已经有了巨大的改善，但是面临的麻烦似乎一点也不比祖先们少。例如，人们对于收入分配状况似乎总是很不满，对于环境的恶化总是很担忧，对于失业、通货膨胀等问题总是充满了恐惧。自 1978 年以来，中国经济取得了举世瞩目的成就，中国经济规模逐渐扩大，民众的生活水平有了大幅度的提高。但今天的中国，似乎面临着更大的挑战。中国经济的高速增长可持续吗？中国会陷入所谓的"中等收入陷阱"吗？为了保证取得持续的经济增长和社会进步，中国在经济体制和政治体制方面需要什么样的改革措施？中国的经济体制应该与世界发达国家的经济体制趋同，还是永远保持自己的特色？对中国民众来说，这些问题无疑是非常重要的。

要想解决历史和未来面临的问题，就需要人不断地思考，而在这个过程中，经济学将会提供很大的思维帮助。这是学习经济学的重要理由。

第三，学习经济学有助于理解现实世界是如何运转的。

经济学是一门科学。科学是一种思考问题的方式，如同天文学家通过观测天体现象来归纳天体运行规律一样，经济学家通过观测现实经济现象来归纳经济规律。经济学家有自己的语言和思维方式，诸如需求、供给、弹性、消费者剩余、机会成本、比较优势、外部性、信息不对称等，都是经济学的基本语言。掌握了这些经济学语言，就可以更好地思考周围的世界是如何运行的。

每个人都生活在现实世界中。一个人的生活状况不仅取决于他自己的决策，而且依赖于其他人的决策和周围环境的变化。理解周围的世界如何运行，自然有助于改决策。人们可能对生活中的许多事情感到惊奇，比如，当一个人想买一台电视机的时候，只要支付必要的价格，就可以把它从商场搬回家。事实上，他事前并没有告诉电视机的生产厂家为他生产一台电视机，那么，是什么因素使他得到自己想要的东西？

经济学是有关人们之间的决策如何相互作用的科学。学了经济学，就可以明白市场这只"看不见的手"如何使个人为他人服务。也可以明白，为什么一个流行歌手演出一晚可以赚几万元甚至几十万元，而一个建筑工人一个月却只能赚几千元；为什么利率一上升股票价格就下跌；为什么限制"三公"消费会导致高档餐馆和奢侈品价格下跌等。

第四，学习经济学有助于对政府政策的优劣做出评价。

社会离不开政府。学习了经济学，就会明白为什么社会需要政府，什么是政府应该做的，什么是政府不应该做的。从传统上讲，社会需要政府是因为社会不依靠市场就不能达到资源的有效配置。比如，如果没有政府的干预，自私自利的企业家也许会使民众喝下太多的污水；如果没有政府，私人部门也许不会为民众提供诸如路灯这类的公共产品。因此，人们需要政府来提供市场交易所需要的规则和秩序，需要政府保护个人财产和人身安全。

但经济学也表明，政府对市场的过多干预常常导致供给不足、价格扭曲、资源浪费、垄断横行。政府的政策选择不仅影响整个社会的资源配置效率，而且影响每个公民的福利，所以当人们希望政府制定某种政策的时候，必须谨慎考虑这种政策的不利后果。经济学常识有助于人们更理性地思考这样的问题。比如，一个人作为普通职工时，他也许会认为政府应该制定一个"最低工资法"保护自身的利益，或者向富人多征税来补贴如他这样的人，而经济学原理表明，这样做的后果也许是这名职工失去工作机会。再比如，一个人作为消费者时，他也许会认为政府应该对商品的价格做出限制，而经济学原理表明，这样做的后果是这名消费者也许再也买不到这种商品。

第五，学习经济学可以生活得更幸福。

经济学不仅关系国计民生，而且对人们规划自身的前景也很重要。在生活中，人们会不断遇到各种各样的选择。例如，学生考虑选修经济学课程还是哲学课程，毕业后继续读书还是就业等。而学习经济学，会对学生选择能力的训练产生好处，它有助于学生获得事业的成功、生活的美满。

此外，经济学本身也充满了美感。抽象思维是人类区别于其他动物的基本特征。对于爱好抽象思维的人来说，学习经济学、寻找经济运行背后的逻辑本身也是一种幸福。亚里士多德曾经指出，生活分成三个层次：享乐的生活、政治的生活和沉思的生活。其中，享乐的生活和政治的生活远不如沉思的生活幸福，因为只有沉思的生活是自足的。当人们对经济学的精妙之处有所感觉后，一定会享受到用经济学思想沉思所带来的幸福。

第二节 经济学的研究内容

无论是为了满足人类自身的好奇心、改善生活环境、理解现实世界的运行，抑或是为了追求个人幸福，学习经济学都颇有意义。那么，经济学到底是一门怎样的学问呢？它究竟研究些什么呢？

1776年，"经济学之父"亚当·斯密出版了《国民财富的性质和原因的研究》（简称《国富论》），标志着经济学作为一门学科的产生。在《国富论》中，亚当·斯密认为经济学是"研究国民财富增长和分配的科学"。在亚当·斯密看来，在决定国民财富增进的过程中，市场机制所起的作用是非常重要的。充分利用了市场机制的国家，它们的发展会更好。从这个意义上讲，要想理解国民财富的增进，关键就是要理解市场是怎么运作的。因此，经济学作为一门研究国民财富的科学，很大程度上也就是一门研究市场运作的科学。

其他古典经济学家对于经济学的理解大体是和亚当·斯密类似的。但从19世纪后期开始，经济学家关注的问题就逐渐从宏观的经济发展、市场运行转向更为微观的资源配置层面。20世纪30年代，伦敦经济学院的莱昂内尔·罗宾斯教授出版了《经济科学的性质与意义》一书，其中明确提出，经济学是研究稀缺资源如何有效配置的科学。时至今日，这依然是关于经济学的最为认可的定义。将莱昂内尔·罗宾斯的定义和亚当·斯密的古典定义进行比较，不难发现前者虽然更为"科学化"，但过于狭窄。"资源配置"本身可以涵盖很多问题，但它过于静态化了，这让不少本应属于经济学的话题都无法被涵盖在内。事实上，经济发展中很多事情不能被理解为静态意义上的配置问题。例如，石油在地底下储存了四五千万年，但直到一百多年前，它才变成资源。虽然现在怎么用石油在很大程度上是一个配置问题，但发现石油作用的过程就很难被概括为资源配置问题。

除了将经济学理解为研究经济运行或者资源配置的学问外，还有一些学者主张从人的角度来理解经济学。例如，一些经济学家主张把经济学定义为"研究理性人如何决策的科学"。在他们看来，经济学所要探讨的问题，主要是"理性人"怎样在各类约束下追求自身效用最大化的问题。此外，还有一些经济学家主张经济学是"人类行为学"，主要研究有目的的人是怎样行动的。

在笔者看来，上述种种关于经济学的定义都有各自的道理，但也有各自的缺陷。笔者更倾向于把经济学作为一门研究人类如何合作的学问。例如，人类实际上是如何合作的？人类应该如何合作？为什么有些地方人的合作精神高，有些地方人的合作精神低？这些都是经济学关注的核心问题。

在人类发展过程中，有很多不可思议之处，而其中的大部分都可以从"合作"这个角度来寻找答案。两千多年前，荀子面对"（人）力不若牛，走不若马，而牛马为用，何也？"的提问，他回答道："人能群，彼不能群也……一则多力，多力则强，强则胜物。"这里所谓的"群"，就是"合作"，正是合作，才让人类拥有了改造自然的能力。

人类的文明是怎么逐渐演进、逐步发展的呢？这里依然可以从"合作"的视角来思考。人类的进步不仅来自个人之间的合作，而且来自不同民族、文化之间的合作。举例来说，青铜器最初产生于中东的"两河流域"，后来才传到了东亚；玉米、土豆这些作物本身是美洲的，却被传播到了欧亚大陆，并被广泛种植。这些极大促进了人类发明创造的传播，本质上就是不同文明之间合作的结果。正如亚当·斯密在《国富论》中所指出的，没有成千上万人的帮助与合作，一个文明国度里的微不足道之人，即便按照虚幻的想象过最普通、最简陋的生活，也无法获得日常的供给。

既然合作对于人类的发展如此重要，那么在现实中，究竟是什么促进了合作，又是什么破坏了合作呢？其因素有很多，但最重要的是制度。在最近的两百多年里，人类社会摆脱了长达数千年的"大停滞"，开始了"大增长"，这在很大程度上就是因为人类找到了市场经济这种能够极大促进合作的制度。从这个意义上讲，一旦理解了怎样的制度能促进合作，也就同时找到了促进国民财富增长的源泉。在这一点上，以合作为观察视角的经济学，与亚当·斯密倡导的经济学是殊途同归的。

第三节　经济学与其他学科的关系

经济学是一门社会科学。所有的社会科学都是为了理解人、理解人的行为、理解人类生存制度和环境的变化，理解人类如何从过去走到现在，又从现在走向未来。但是每一个学科在方法、假设、具体的着眼点上存在着很大的差异。

简单来说，经济学秉承的是从个人到社会、从微观到宏观的研究思路。经济学坚持方法论的个人主义，关注的主要是个人的行为。在经济学看来，只有有血有肉、有思想意识的个人才能决策和行动。和经济学正好相反，社会学秉承的是从社会到个人、从宏观到微观的研究思路，它首先假定一种制度是存在的、一种组织是存在的、一种习惯是存在的，在此基础上考察这种习惯、这种制度怎么约束人的行为。还有一门和经济学关系比较密切的学科是心理学，它是用观察、实验的方法看人们实际上是怎么行为的。

应该看到，无论是社会学、心理学，抑或是其他社会科学，对于经济学都有反驳或挑战，但这并不能说明这些学科之间是互相排斥的。相反，它们之间相互促进，推动了彼此的发展。有很多交叉学科，如经济社会学、行为经济学等，就是在学科的相互碰撞、争鸣中产生的。

这里需要重点说明一下经济学和数学的关系。现代的经济学已经是高度"数学化"了的，如果大家翻翻经济学的专业刊物或高级教科书，就会发现通篇都是公式。这是因为经济学中有很多关系和数学契合，如需求与价格的关系可以用需求函数表示，边际效用、边际成本与数学上的导数就是相互对应的。因此，使用数学进行推演可以大大简化文字叙述，避免文字叙述容易产生的一些逻辑错误。

数学本来是经济学研究的工具，但现在经济学有了变成数学的"奴隶"的危险。有一种倾向是，所有经济问题都以数学可处理来设定，如果数学不能处理，就避而不谈。长期以来，亚当·斯密的分工交易、规模经济等重要理论被很多经济学家们放弃，就是因为数学没办法处理分工和技术进步。企业家是市场经济非常主要的协调者和推动力，但在主流经济学中看不到企业家的身影，也是因为没办法用数学来模型化企业家的决策。

保罗·克鲁格曼曾发出警告："过去一百多年，经济学是沿着数学阻力最小的方向前进。"这句话一针见血。现在很多人做经济学研究，但被问到为什么那么假设时，他说若不这样假设，在数学上没法处理。这就是本末倒置。数学固然要用，但使用数学是为了研究经济学，而不是为了让经济学去迎合数学。经济学要真正进步，一定不能被数学所束缚。

经济学属于社会科学。社会科学中还有政治学、历史学、人类学、社会学等。除了经济学，其他社会科学很少涉及科学方法的讨论或争议。社会科学既注重对事实的考察，也重视解释，但除经济学以外的社会科学并不是公理性质的，即不以一些公理、定律、武断的假设作为分析的出发点，绝少用上"可以被事实推翻的假说"，从事验证的科学方法因而少受注意。保罗·萨缪尔森曾经认为，经济学是"社会科学中的皇后"。这是言过其实了，解释不一定要通过假说的验证。

在所有社会科学中，只有经济学是公理性的。公理性是指根据武断性的假设与有一般性的定义或定律，推出可以验证的假说。验证是求错或求证，要以可以观察到的事实或现象为依据，没有被事实推翻就算是过了关，即通过假说的验证而做了解释。社会科学中只有经济学以公理性的原则从事解释，但所有自然科学皆属公理性，解释的方法跟经济学相同。然而，经济学频频涉及哲学逻辑的科学方法，主要有三个原因：

第一，经济学要解释的是人类的行为，即经济学者要解释自己。这使不少经济学者喜欢把自己的价值观带到自己认为理想的世界，不容易置身事外地看问题。然而，置身事外的客观是科学的一个起码要求。为了约束自己的价值观，一些认为需要客观判断的经济学者就引进哲学逻辑的方法来约束自己。

第二，作为一门实证科学，经济学的实验室是真实的世界。自然科学的研究者天天坐在实验室操作，原则上，经济学者应该天天到真实世界的街头巷尾，但他们没有，他们不是坐在办公室推出一些不着边际的模型，就是拿着一些没有过多真实细节的数据研究回归统计。题材、实情究竟如何，经济学者一般没有足够的掌握。

这些年有些经济学者尝试"建造"自己的实验室，称"实验经济学"。他们炮制一些实际的情况，让不知情的外人进入这情况中，然后观察其行为。这种"实验"显然是因为人们考察过于复杂的真实世界时，无法像自然科学那样在实验室内操控，所以要设计一些特殊或指定的情况来试验那些不知就里的被实验者。原则上当然可以，但谈何容易？真实世界非常复杂，而且经济学的公理或定律是从人类的行为反推过来而成立，有着多而复杂的变化，以炮制情况来做实验，充其量只能验证一些没有什么变化的行为。

以需求弹性系数不同来解释价格分歧的理论逻辑清晰，但因为弹性系数近于无从观察，没有人见过有说服力的验证。为此笔者观察了多年，发觉由该价格分歧理论推出来的间接含义，一般与真实世界的现象有出入。最后笔者想出资源空置是价格分歧的原因，接下来考察验证百发百中，如捆绑销售。也因为笔者在街头巷尾跑得多，找到足以跟任何人打赌的解释，皆与书本所说的相去甚远。很明显，真实世界的现象细节非常重要，为争取这些细节，经济学者别无选择，只能到真实世界的街头巷尾跑。

第三，经济学的重心所在。上文提及，所有自然科学皆属公理性，但社会科学中只有经济学属公理性的，而公理性的科学着重于假说验证。

自然科学的公理，虽然有时也属空中楼阁，但出发点一般真有其物，有可以观察到的物体的支持，如物理学有原子，化学有元素，生物学有 DNA（Deoxyribonucleic Acid，脱氧核糖核酸）等。自然科学是神奇的学问，因为先前无从观察但认为是有其"物"，若干年后往往被证实为有。经济学公理的起点一般不是基于真有其物，如功用、需求量、均衡、极大化等，不仅全属虚构，而且经济学者也不会去证实其存在。

经济学的自私假设或公理有三种阐释：

其一是亚当·斯密提出的自然淘汰观，认为人类的自私是适者生存的行为。这个重要的观点影响了后来的生物学家达尔文。问题是，从解释行为方面看，适者生存的自私难以解释人类的互相残杀。

其二是理查德·道金斯指出，自私是天生的基因使然。

其三是把自私处理为一个武断的假设。

笔者赞同武断的自私，从解释人类行为的方面看，武断的自私与自私基因没有什么不同，互爱互助与互相残杀皆可从局限的转变中进行处理。

自然淘汰不是没有真理的。长颈鹿之所以有长颈，是因为该鹿以吃树上的叶为生。该鹿原来也有短颈的，其基因分长颈与短颈两种。基因属短颈的那批鹿吃不到树上的叶，死得早，一代一代地传下去。最后，有短颈基因的被淘汰，余下来的只有长颈鹿。引用这例子来证明达尔文的自然淘汰理论是错的，因为达尔文提出自然淘汰理论时不知道基因的概念。由此引申，笔者认为，自然淘汰理论用于经济解释依然重要，问题是用于哪方面的行为，笔者多用于解释竞争的行为与效果。

经济学的哲学性质究竟是什么？作为一门以武断假设或公理为起点的科学，经济学除了边际产量下降定律，其他的公理不是基于一些可以观察到的或确有其物的生理细胞或基因的运作，而是从人类的行为引申而获得的定义或规律。不同的公理或假设之间没有矛盾，推得出用事实验证的假说，则公理就成为一门实证科学。因为与自然科学相比，经济学的公理的非真实性更普及，所以科学的方法逻辑就比其他自然科学有更大的监管用场。

这解释了为什么人们要经常到真实世界观察，重视市场与非市场的现象细节，然后反推过来与经济学的公理、定律或定义印证，看看这些概念或理念在细节上的变化是否需要修改，或在阐释上是否需要补充。换言之，经济学的公理一般并非确有其物，而是以人类的行为为起点，经过竞争与自然淘汰，然后让使用这些公理的人在细节上进行补充或修改才可以发挥这些公理的解释功能。

如需求定律，真实世界没有那条需求曲线，需求量不是真有其物，课本上的解释拖泥带水，说不上有广泛的用场。如果从适者生存的市场与非市场的竞争行为来给需求定律的阐释加上变化，对价与量做了多方面的补充，那么使用该定律时才会感到得心应手。

如成本的定义或概念，也属空中楼阁。1776 年亚当·斯密在《国富论》中用得对，显然是源于他的自然淘汰的思维。1848 年约翰·斯图尔特·密尔出版他的巨著时也用得对，但 1890 年艾尔弗雷德·马歇尔在他的《经济学原理》中却弄得一团糟。说来尴尬，"成本是最高的代价"这个不可或缺的定义，很晚才被经济学者接受。然而，只背得出这个定义，不懂得引进真实世界的细节与变化，这定义的用途就不多。

在成本的理念上，笔者也在真实世界观察了多年，重视细节，熟知上头成本、挤迫效应、租值消散、合约结构、竞争约束等与成本有关的理念。这些理念一律是经过自然淘汰的人类行为而获得的，增加了人们对世事的理解。

人类的行为有规律，因此才有社会科学。在社会科学中，只有经济学是公理性的。自然科学的公理一般是以真有其物为起点，然后推断行为或现象。经济学的公理一般是空中楼阁，本身无从观察。自然淘汰是伟大的思想，源自亚当·斯密，发扬于达尔文，将其以天才之笔引进现代经济学的是阿门·艾伯特·阿尔奇安。

同样是公理性的科学，自然淘汰的思维，用于自然科学要从公理的微小现象的变化入手，但用于经济学则要倒转过来，以人类行为的规律细节对公理或定义做修改或补充。是对还是错，最终的衡量标准是看被公理约束着的人类的行为能否经得起自然的淘汰。

第二章　经济学中的竞争与垄断理论研究

第一节　经济学中的竞争理论

一、传统经济学的完全竞争理论

完全竞争模型是传统经济学的一个标杆，它被认为是最有效率的市场结构。经济学家们用它来衡量其他市场结构的效率，并认为任何偏离完全竞争模型的市场都会带来效率损失。政府干预市场的结论就是在这个框架下导出的。先来了解一下这个模型的具体含义，再对其进行分析。

在传统经济学里，完全竞争的含义包括如下几点：

第一，行业没有明显的进入壁垒和退出壁垒。

第二，存在大量小规模的生产厂家，且所有厂家生产完全一样的标准化产品，质量和性能都没有任何差别。

第三，存在着完全的信息（包括技术关系、价格等）。

第四，每个生产者都是价格接受者，所有的厂商都按相同的价格出售产品。

在这种假设下，完全竞争市场上的每一个企业所面临的需求曲线都是水平的，这是因为它们都没有市场力量，只要一提高价格，消费者就会被其他企业抢走。企业的供给曲线就是其边际成本曲线，在企业的需求曲线和供给曲线相交时，就达到了均衡。此时，价格恰好等于边际成本。

如果稍加分析就可以发现，完全竞争的概念是有误导性的，相关的假设是不适当的。它号称是"完全竞争"，但其内涵却是没有竞争，所有企业生产完全同质的产品、以相同的价格出售。在现实中,产品质量、差异化的竞争是十分关键的竞争方式,而在所谓的完全竞争模型里,这些都不见了。完全竞争与由创新推动的经济进步是不相容的,因为创新一定意味着与众不同,创新企业的需求曲线一定是向下倾斜的。

二、传统经济学的寡头竞争理论

寡头竞争的定义是,市场上存在着少数几家企业,每个企业拥有一定的市场力量。在这种市场结构下,每个企业在进行决策时都要考虑其对手的反应。

寡头竞争的形式很多。在短期,寡头企业主要采取价格竞争或产量竞争;在中期,它们会采取产品选择、调整成本和产能、进行广告战等竞争;而在长期,它们的竞争则主要体现在研究和开发上。

(一)纳什均衡

博弈论是研究行为相互影响时理性人如何决策的理论。在博弈中,每个参与人都会选择自己的最优策略,而一般来说,一个策略是否是最优的,依赖于其他参与人的策略。纳什均衡是所有参与人最优策略的组合,在给定别人策略选择的情况下,任何参与人都没有积极性去选择其他策略,也没有人有动力打破这种平衡。它是基于参与人的信念给出的,如果所有参与人都预测纳什均衡会出现,它就能出现。从这点上讲,纳什均衡是自我实施的。

可以用如下例子来说明纳什均衡:警方逮捕了甲、乙两名犯罪嫌疑人,但没有足够证据指控二人有罪。于是警方对两名犯罪嫌疑人进行隔离审查,并告诉双方以下后果:若一人坦白,而另一方抵赖,则前者将立即获释,后者将入狱 10 年;若两人都抵赖,则两人各获刑 10 年;若两人都坦白,则两人各获刑 8 年。容易看出,在这个博弈中,对任何一名犯罪嫌疑人来说,无论对手的选择如何,选择坦白都是他的最优策略。因此,这个博弈的纳什均衡就是两名犯罪嫌疑人都坦白。这样两人坐牢时间最长的情形成为均衡,是十分令人吃惊和沮丧的,所以这个博弈被称为"囚徒困境"博弈。

如果对博弈的支付状况略作改变,那么博弈的结果就会改变。例如,假定犯罪嫌疑人在坦白时,会感到对不起同伙,其心理成本与支付矩阵就会显而易见,此时两名犯罪嫌疑人都抵赖就成了新的纳什均衡。此时,"囚徒困境"就被打破了。

纳什均衡是分析和预测存在互动关系时人们如何决策的重要概念，这一概念在寡头竞争理论中有广泛的应用。

（二）产量竞争

产量竞争的经典模型是古诺模型。在这个模型中，有两个企业（也可以很容易推广到多个企业），每个企业面临的需求曲线都和其对手的产量相关。

两个企业需要同时制订自己的产量计划。产品在市场上的价格由两个企业的总产量决定。如果同时画出两个企业的反应曲线，那么两条反应曲线的交点，就是这个寡头竞争博弈的纳什均衡，即所谓的"古诺-纳什均衡"，简称为"古诺均衡"。

将古诺模型竞争和垄断时的产量进行比较，可以得到一个关键结论：均衡时两个寡头企业的总产量高于垄断时的总产量，价格低于垄断时的价格，总利润低于垄断企业的总利润。由于有这一结论的存在，寡头企业激励进行合并，并分享利润。这是反垄断法限制企业并购的理论基础。

为什么会产生这种结果呢？根据传统经济学的解释，这是因为两个厂商独立决策时，每个厂商并不考虑提高产量对对方的不利影响，即存在外部负效应。如果由一个决策者决策，这个外部性就被内部化了。

（三）价格竞争

价格竞争模型，又被称为"伯特兰德模型"。在这个模型中，两个企业都出售同样的产品，并有相同的成本结构，它们以价格作为决策变量。现实中，价格竞争的例子很多，如苏宁电器和国美电器经常进行降价大战，亚马逊网和当当网经常比着打折，这些都可以用伯特兰德模型来加以描述。

现在来分析这一模型。假设两个企业的边际成本都是常数C，先考虑企业1的决策：如果企业2定的价格为P2，且P2>C，那么企业1最好把价格P1定得比对手略低一些，这样它就可以争取到整个市场的消费者。反过来，给定企业1的定价P1，企业2也会进行类似的选择。由此可知，只要对手的价格高于边际成本，任何一个企业都有将价格降到比对手还低的动机。那么，两个企业会不会将价格降到边际成本以下呢？也不会，因为那意味着它们会亏损。因此，只有两个企业都把价格定在等于边际成本，即P1=P2=C时，双方才不会有进一步调整价格的动机，也就是说，达到了均衡。这就是价格竞争博弈的纳什均衡，即所谓的伯特兰德均衡。

在伯特兰德竞争中，两个企业的最优反应曲线表明，只要对手的价格高于边际成本，它们就继续降价。两条最优反应曲线交点就是伯特兰德均衡。

伯特兰德均衡的结果看起来很奇怪，它说明市场上只要有两家进行价格竞争的企业，就会达到和完全竞争一样的价格水平，即价格等于边际成本，两个企业利润都为0，这是和直觉相悖的。在经济学文献中，这一现象被称为"伯特兰德悖论"。

为什么会出现伯特兰德悖论呢？经济学家给出了几种解释：

第一种解释是产能限制或边际收益递减。如果一个企业受到产能限制，那么即使它的价格低于对手，能获得整个市场的消费者，也不能满足这么大的需求。需求没有得到满足的消费者就会转而投向其竞争对手，竞争对手可以对这部分消费者索取较高的价格。

第二种解释是成本差异。伯特兰德模型的一个重要假设是，两个企业的成本结构是相同的，但在现实中这一点并不成立。假设企业1和企业2的成本分别为C1和C2，且C1＜C2。那么企业1只要将价格定到略低于C2，就可以成功将企业2挤出市场。这时，它仍然可以有利润。管理学大师迈克尔·波特曾经把成本领先作为重要的竞争优势，就是这个道理。

第三种解释是产品的差异化。伯特兰德模型的另一个重要假设是，两个企业销售同样的产品，但在现实中，两个企业销售的产品多多少少会有些差异。这种差异可能来自设计、质量、品牌；甚至产品本身没有差异，但由于与消费者距离的不同，也会产生差异——著名的霍特林模型刻画的就是区位差异。当企业销售和对手有差异化的产品时，它就有了市场力量，可以获得利润。因此，差异化也是重要的竞争优势。

第四种解释是竞争的"聚点"。这一解释是经济学家保罗·斯威奇提出的。保罗·斯威奇指出，在现实中寡头企业之间的定价竞争往往存在着一种"追跌不追涨"的现象。假设在某个时刻，所有企业都制定同一个价格。这时，如果有一个企业先降价，那么其他的企业也会立即降价，以防止市场被其夺走；而如果有一个企业先涨价，则不会有人跟从。因此，在市场上，所有企业面临的都是一条"纽结需求曲线"。如果所有企业都认识到降价很快会遭到跟随，不会收到实质效果，就没有企业会贸然行动，因此市场价格就会维持在一个高于边际成本的水平上。

（四）合谋与卡特尔

竞争的结果会让寡头企业的利润降低，更极端的情况，即在伯特兰德均衡时，它们将不能获得任何利润。因此，寡头企业之间就可能激励进行合谋，组成卡特尔来共同协定价格。卡特尔可以采用垄断定价，获得和垄断条件一样的利润，再把利润分配给各个成员。由前面的论述可以知道，每个企业可以在卡特尔中分得的利润高于它们彼此竞争（包括价格竞争和产量竞争）时的利润。

尽管寡头企业通过组成卡特尔可以获得比相互竞争更高的利润，但卡特尔本身却存在着内在的不稳定，因为所有卡特尔的成员事实上面临着"囚徒困境"的局面。

假定卡特尔由两个企业组成，它们共同遵守约定的话可以获得垄断利润 T，每个企业可以从中分得利润 T/2。如果任一企业在对手遵守约定的情况下，私自将价格往下降一点，就可以得到所有市场，获得接近于 T 的利润。但如果两个企业都选择偷偷降价，那么卡特尔就不存在了，它们又会回到伯特兰德均衡的情形，两个企业都只能获得零利润。在这个博弈中，两个企业都选择违约将是唯一的纳什均衡。从这个意义上讲，尽管卡特尔可以提升所有企业的总利润，但它是存在着内在的不稳定的。

那么，在现实中为什么还有可能存在着诸如卡特尔等企业串谋行为呢？原因是在现实中，企业可能不止进行一轮博弈，而是会重复进行以上博弈。在重复博弈中，双方可以通过惩罚来迫使对方守约。

三、反垄断法的是与非

传统经济学中的垄断定价理论和寡头竞争理论是目前反垄断法的主要理论基础。目前世界上的主要国家都有反垄断法，有的国家的反垄断法甚至在上述这些经济理论推出之前就有了，如美国在 1890 年就推出了第一部有关反垄断的法案《谢尔曼法》，此后又陆续推出了多部法案。我国的反垄断法《中华人民共和国反垄断法》也于 2007 年 8 月 30 日在第十届全国人民代表大会常务委员会第二十九次会议上通过，并从 2008 年 8 月 1 口开始实施。不可否认，这些法律的出台都是基于良好动机，但它们会对现实经济产生一定的影响，下面将对此进行分析：

（一）反垄断法的悖论

反垄断法的初衷是保护消费者的利益。根据传统经济学中的理论，垄断会带来效率损失，因此反垄断法可以促进竞争，有利于保护消费者的利益。总体来说，反垄断法主要针对如下几类行为：

第一类是企业合并。根据前面对古诺模型的分析，可以看到，在传统经济学的分析中，企业合并会带来更高的价格和更低的产出，因此消费者的利益会受到损害。

第二类是价格合谋。如果寡头之间达成了合谋，那么它们就能向消费者索取更高的价格，从而损害消费者的利益。

第三类是滥用市场支配地位。例如，企业进行价格歧视、掠夺性定价、交易限制（包括搭售）等，这类行为被认为有可能损害消费者的权益，或者破坏竞争秩序。

第四类是高价格和高利润行为。这类行为被视为企业利用垄断地位压榨消费者的标志。

但事实上，这些反垄断的规则可能并无助于保护消费者利益，也无助于规范市场秩序。它们在理论和实践上都很难站住脚。

从理论上看，企业的竞争就是为了做大，就是为了胜过对手，寻求垄断地位。但如果企业一旦做大了，有了市场力量，就要被打击，那么它们就会变得不敢竞争了。从这个意义上讲，反垄断的结果可能恰恰是反竞争的。

从经验上看，支撑反垄断法的理论基础也和事实不相符。有经济学家曾在1972年做过一项研究，他研究了大量的反垄断案例，发现实际的情况和相关经济理论预测的结果有很大的出入。例如，在历史上，随着企业规模的扩大和市场集中度的上升，并没有出现理论预言的价格持续上升、产量持续下降、创新终止的现象。相反，随着市场集中度的上升，价格在降低，产量在增加，创新在加速，新产品在不断涌现。此外，他还发现，事实上没有一个企业可以持续在市场上主导。

（二）反垄断法的错因

反垄断法为什么会错？根源在于它的理论基础，即传统经济学的垄断定价理论和寡头竞争理论。具体来说，有如下两点：

第一，它错误地选择了"完全竞争"作为参照系。"完全竞争"意味着任何人都不具有任何优势：自身不能有新产品、产品质量不能比别人好、成本不能比别人低、价格不能比别人高、信息不能比别人多，等等。如果是这样，那事实上根本就没有竞争可言。因此，反垄断就有可能变成反竞争。

第二，它错误地理解了企业。在传统经济学理论中，企业被简单理解成了一个生产函数。也就是说，企业被看作一个投入资源、产出产品的单位，它面临的市场环境（如消费需求、技术水平等）是给定的。企业唯一的职能是通过价格、产量的选择，实现自己的利润最大化，并使得社会效率最大化。与之对应，市场被理解为一个静态的、通过价格竞争来配置资源的机制。在这样的分析框架下，人们普遍认为企业数量越多，竞争越激烈，效率越高，对社会越有利。相反，一个市场如果被少数企业占有，即形成所谓寡头垄断的时候，对社会来说就是一件坏事。而衡量垄断的指标，就是市场份额的集中度，似乎市场集中度越高，垄断越严重。于是，有人设计出反垄断法，希望限制市场份额向个别企业集中。

但企业当然不是这样的组织。除了生产函数外，企业还有两个角色：

其一，正如约瑟夫·熊彼特、威廉·杰克·鲍莫尔等人指出的那样，企业还是一个创新函数。在市场中，真正的竞争就是不断创新，而创新就是要与竞争对手不同，即创造新产品、新技术，使得成本更低。对企业来说，这是"生死攸关"的事情。在准入没有法定限制的市场上，没有所谓的垄断者可以高枕无忧。事实上，那些所谓的垄断者、寡头不仅会创新，而且是创新的主体，因为只有它们有创新的实力，能开发出小企业难以开发出的新产品和新技术。

企业的每一次成功创新，都意味着差别化，从而给企业带来市场力量。传统经济学先假定产品已经存在，由此推出完全竞争的价格等于边际成本的结论，再来考察非完全竞争下定价的扭曲程度。但事实上，如果价格只能等于边际成本，企业根本就不会去追求创新，很多产品本身根本就不可能存在。如果没有产品存在，又何来效率？何来消费者利益？或许，经济学应该重新定义边际成本的概念。

其二，企业还是一个信誉的载体。市场是一个以分工专业化为特征的合作体系。市场越发达，范围越大，交易的各方就越难相互了解、相互信任，而企业就是使这个体系得以维持的信誉基础。企业的存在和运作，使市场经济中的信任得以建立，从而促成陌生人之间的广泛合作。从这个意义上讲，罗纳德·哈里·科斯关于企业和市场相互替代的假设是错的，二者之间更可能是一种互补的关系：市场的交易成本越低，企业的规模会越大；反过来，企业的规模越大，市场的交易成本越低。如果承认了这点，就不难推论出在一个有序运作的市场上，必然会存在着大量具有市场力量的大企业。如果利用反垄断法对这些大企业进行打击，实际上就是在摧毁市场的秩序。

（三）自由竞争下不会有垄断

按照政治概念的竞争，自由竞争是不会导致垄断的。对竞争而言，最重要的不是市场上有多少个企业，而是能否自由进入市场。如果市场自由准入，市场就有充分的竞争，哪怕只剩一个企业，它仍然是竞争的，因为随时有潜在竞争对手在盯着它，所以它不敢懈怠。只要有自由竞争，人类的创造力就不会允许任何一个企业具有所谓的垄断力量，企业家的创新使得没有任何垄断利润可以持续存在。

第二节　经济学中的垄断理论

一、垄断的经济概念和政治概念

在经济学中，竞争和垄断是一对对偶概念：竞争是没有垄断，垄断是没有竞争。经济学的一般结论是，竞争是好的、有效率的，垄断是不好的、没有效率的。正因为如此，如何打破垄断、推动竞争，就成为经济学家的基本政策主张。

为了正确理解竞争与垄断的关系，必须对垄断的经济概念和政治概念做出区分。

（一）垄断的经济概念

传统经济学根据一个行业中企业的数量和规模定义垄断：一个行业的厂商数量越少，每个厂商的规模越大，这个行业的垄断力量就越强。具体来说，传统经济学将市场结构划分为四类：完全竞争、不完全竞争（垄断竞争）、寡头竞争和独家垄断。完全竞争的市场中有无数个企业，每个企业都生产同样的产品，且每个企业规模都很小。不完全竞争（垄断竞争）市场中有很多企业，但产品略有差别，每个企业规模不大。寡头竞争市场中只有少数几个企业，且每个企业规模较大。独家垄断行业则只有一个规模很大的企业。

企业在不同的市场结构下，会有截然不同的价格行为。如果市场是完全竞争的，那么任何企业都没有定价权，而只是价格接受者。所有企业面临的需求曲线都是水平的，它们只能在给定价格下选择任意数量的产出。如果市场是独家垄断的，那么垄断企业是价格制定者，拥有完全的定价权。它面对的需求曲线是向下倾斜的市场需求曲线，价格与需求量一一对应。在完全竞争和独家垄断之间的不完全竞争市场上，企业的定价能力也处于竞争市场和垄断市场之间。

根据传统经济学的定义，行业的竞争或垄断程度可以用产业的市场集中度，即一家或几家最大的企业所占据的市场份额来衡量。在具体应用中，最大 4 家企业占行业的份额，或者最大 8 家企业占行业的份额是最为常用的判定指标。市场集中度越高，说明市场的垄断程度越高。对于完全竞争市场，由于每个企业的市场份额都很小，因此市场集中度指标会接近于 0；对于独家垄断行业，由于只有一个企业，因此市场集中度为 100%；而对于寡头竞争市场或不完全竞争（垄断竞争）市场，其市场集中度介于 0～100%。

垄断的经济概念存在很多缺陷，它是十分武断和随意的。

首先，一个市场究竟是垄断的还是竞争的，完全依赖于对市场的定义。根据不同的市场定义，任何一个企业都可以被判定为是垄断的，也可以被判定为是竞争的。以可口可乐公司为例，如果以商标定义商品，那么它就是垄断者；而如果将"软饮料"视为一个市场，那么它就不是垄断者。

其次，即使给定了市场，用市场份额来判定垄断程度也是十分随意的。例如，究竟是 75%的市场份额算是垄断，还是 80%的市场份额才算是垄断，并不清楚；究竟用资产份额、销售份额来判定垄断，还是用利润份额来判定垄断，也不明确。

最后，在实际的操作中，一个行业究竟是什么类型的市场结构，一个企业究竟是竞争的还是垄断的，往往靠的是主观判断。

（二）垄断的政治概念

和垄断的经济概念不同，垄断的政治概念不是根据市场集中度，而是根据政府是否通过法律或行政的手段对竞争实行限制来判断市场的垄断状况。如果在某个市场上，政府动用强力（法律和政策）来为一个或多个企业保留全部市场或一部分市场，这个市场就是垄断的。例如，用法律或行政手段限制行业准入，发放许可配额，给予专营权，在不同企业之间进行税收、信贷、补贴等方面的歧视都是存在政治意义上垄断的标志。这种对垄断的定义有着悠久的历史。在《国富论》中，亚当·斯密就曾经用这种概念来批判英国政府的特许经营制度。

政治概念上的垄断是十分确定的。一个企业是否是垄断的，完全看它是否享有政治上的特权，这一特权不会因市场选择等标准的变化而变化。与政治概念上的垄断相比，经济概念上的垄断就显得很有误导性了。因为它混淆了不同的事物，如把强力保护的优势地位与竞争中形成的优势地位都归于"垄断"。

事实上，有很多产业从经济概念上看是垄断的，但这种所谓的垄断恰恰是竞争激烈的表现。只要没有政府的强力干预，那些看起来"不可一世"的企业，随时可能被名不见经传的新进入者挤出市场。如果企业错把竞争混淆为垄断，就会犯严重的错误。

前面分别讨论了垄断的经济概念和政治概念，把这两个概念放在一起，就得到了一个新的分析框架。横坐标度量政治概念的垄断程度：政府对竞争的限制越多，垄断程度越高。纵坐标度量经济概念的垄断程度：企业数量越少，垄断程度越高。这样，大致可以区别出四种不同的市场结构：A——自由竞争下的众多企业；B——政府垄断下的众多企业；C——自由竞争下的少数企业；D——政府垄断下的少数企业。传统经济学把 A 和 B 归于一类，C 和 D 归于另一类，混淆了真正的竞争与真正的垄断。正确的分类应该是将 A 和 C 都归于竞争性行业，B 和 D 都归于垄断行业。当然，同样是竞争性行业，A 类企业和 C 类企业的行为有所不同；同样是垄断行业，B 类企业和 D 类企业的行为方式也有差别。从这个意义上讲，传统经济学有关垄断分析的一些结论是有价值的。

二、传统经济学的垄断定价理论

尽管垄断的经济概念是错误的，但在"垄断理论"名义下发展的一些定价理论（企业如何定价）是有价值的，这些理论适用于市场中的几乎所有企业。之所以如此，是因为按照传统经济学的定义，现实中的所有企业都有一定的市场力量，因而他们在某种程度上都是垄断者。比如，即使是一个社区的小饭馆，在其所在的地区也可能是餐饮业的垄断者。

（一）垄断企业的线性定价问题

先考虑最简单的情况：企业只出售一种产品，且对出售的每一单位产品都制定统一的价格。如果企业希望利润最大化，那么应该如何定价呢？

用经济学的思维方式可知，对于以上问题应该在边际上加以考虑。企业每多卖一单位产品，都需要付出额外的边际成本，同时能获得额外的边际收益。如果按照一般的经济学假设，即边际收益是不断递减的，而边际成本则是不变或递增的，那么企业的最优决策会使销售量恰好停在满足边际收益等于边际成本的那个点上。

试想，如果在当前的销量下，边际成本小于边际收益，那么企业就可以通过多销售一些商品来增加企业利润；而如果在当前的销量下，边际成本大于边际收益，那么企业就应该通过少销售一些商品来增加利润。当然，如果企业可以提供的商品数量是离散的，那么比以上条件所得销量再小一单位的销量也能满足企业利润最大化的条件。

（二）多产品的垄断定价问题

到目前为止，论述的企业只销售一种产品，事实上很多企业都会同时销售多种产品。例如，一家企业会同时销售电脑、手机等产品，这时，企业的定价必须考虑其销售的各种产品之间的相互影响问题。产品之间的需求相互依赖，但成本相互独立，这时，企业需要考虑两种产品在需求上的相互关系。

如果两种产品互为替代品，则一种产品价格的上升会增加另一种产品的需求。因此，给定一种产品的定价后，另一种产品的最优价格会高于只考虑单种产品时所定的价格，这种现象在现实中是比较常见的。例如，一个酒厂同时生产好几种酒，那么它与只生产其中一类酒的酒厂相比，它对某些种类的酒所定的价格会偏高。这样的做法主要是避免在本企业内部的各种产品之间制造竞争，避免使某些种类的产品过于热销，而另一些种类的产品则过于滞销。

相反，如果两种产品互为互补品，则一种产品价格的上升会减少另一种产品的需求。因此，给定一种产品的定价，另一种产品的定价会低于只考虑单种产品时所定的价格，甚至其中一种产品的价格可能低于边际成本。这是因为企业可以通过降低一种产品的价格，让另一种产品的需求量大大增加，从而使总利润提升。

（三）价格歧视

所谓价格歧视，就是对不同的消费者索取不同的价格。这个名词是经济学家们约定俗成的叫法，其实这里的"歧视"并没有感情色彩，管理学家更喜欢称它为"差别定价"，这可能更确切一些。

在经济学中，价格歧视分为三类：

第一类价格歧视，又被称为"完全价格歧视"，是对每个消费者（或每个产品单位）收取不同的价格，并且这些价格都等于消费者的保留价格。根据传统经济学的论述，完全价格歧视不存在效率损失，它会使销量达到和完全竞争相同的水平，所有价格等于边际成本以上的消费需求都能得到满足。和完全竞争不同的是，在完全竞争的情况下，消费者将获得均衡价格以上的经济剩余；而在完全价格歧视下，企业将获得全部经济剩余。

第二类价格歧视，即所谓的"非线性定价"。在这类价格歧视中，企业提供不同的价格与产量组合，或价格与质量组合，让消费者自行选择。例如，电信公司提供的不同套餐、快餐店提供的大杯饮料优惠等，都属于第二类价格歧视。

如果按照线性定价，对于有意愿支付低价格的消费者，企业就不能从他们身上获取利润。但如果企业推出分段定价策略，则可以争取更多的消费者，得到更多的利润。

第三类价格歧视是针对处于不同市场、不同需求曲线的消费者，采取不同的定价。例如，欧美一些国家出版的教材往往会同时有国内版和国际版，前者只在其国内销售，而后者则向海外（尤其是发展中国家）销售。由于欧美市场的购买力远远高于发展中国家，因此同一本教材的国内版售价通常会高于国际版售价。如果企业能够成功地对两类消费者进行区分，那么就能向高需求消费者索取更高价格，而向低需求消费者索取较低价格。

需要说明的是，无论企业想要进行哪一类价格歧视，都必须满足两个前提：

第一，企业必须对消费者的信息有清楚的了解，才能制定有效的价格歧视方案（第二种价格歧视本身可以作为企业获取消费者信息的方式）。

第二，企业必须有效防止消费者进行套利。如果消费者能够进行套利，在获得低价商品后转手倒卖给其他消费者，则企业的价格歧视策略就不能成功。

（四）搭售

当不同的消费者对不同的产品有不同的相对评价，而又难以实行价格歧视时，企业还能采取一种重要的销售策略——搭售。搭售又被称为"捆绑销售"，就是将不同的产品放在一起进行销售，如套餐、套装、"大礼包"等。一般来说，通过搭售购买的商品，会比分别购买其中的每一件商品所需支付的总价低。例如，书店里经常有活动，两本原价 80 元的书，若一起购买，则只要 100 元。也许有人要问："企业这么做，不是亏了吗？"其实恰恰相反，搭售可以让企业成功地提高自己的利润。

第三章 经济学中的宏观经济理论研究

第一节 宏观经济学简史

一般认为，宏观经济学开始于 20 世纪 30 年代的"凯恩斯革命"。在此之前，经济学并无宏观和微观之分，但随着 1929 年大萧条的爆发，传统经济理论遇到了巨大的挑战。大萧条对整个西方世界造成了巨大的打击，带来了前所未有的大规模失业，而传统的经济学难以对此做出有效的回应，因此急需一种新的经济学。在这种背景下，凯恩斯发表了巨著《就业、利息和货币通论》，对经济萧条提出了一整套自己的看法。和传统经济学认为"供给会自行创造需求"（即所谓的"萨伊定律"）不同，凯恩斯认为"需求决定供给"。由于边际消费倾向（Marginal Propensity to Consume，以下简称"MPC"）递减、资本边际效率递减和流动性偏好这三大基本因素的存在，企业可能出现有效需求不足的情况，从而使就业量在未达到充分就业水平时就停止增加或趋于下降，形成大量失业，导致经济危机的爆发。基于这套理论，凯恩斯建议政府放弃过去"自由放任"的政策，并通过财政政策和货币政策对经济进行积极干预。凯恩斯对经济理论和政策的颠覆性解释，就是经济思想史上著名的"凯恩斯革命"。

凯恩斯的思想经过约翰·希克斯、阿尔文·汉森、保罗·萨缪尔森、詹姆斯·托宾等经济学家的改良，逐步形成了一整套完整的体系，即凯恩斯主义经济学。由于凯恩斯主义经济学给政府干预经济和财政赤字以正当性理由，因此凯恩斯主义经济学自诞生起就得到了各国政府的喜爱，并在政策实践中产生了深远的影响。但是，也有不少经济学家对凯恩斯主义的观点提出了批评，其中最有代表性的批评主要来自两个学派：

第一个学派是奥地利经济学派，其代表人物是路德维希·海因里希·艾德勒·冯·米塞斯和弗里德里希·奥古斯特·冯·哈耶克。这一学派认为经济周期是由经济体系内的协调失灵造成的。在没有政府干预的情况下，经济主体能很快对协调失灵进行纠正，因此只会带来较小的波动。但当政府对经济进行大规模干预时，则会让经济中的信号进一步扭曲，造成更严重的协调失灵，引发大的周期。事实上，严重的经济波动通常是政府扩张性货币政策的结果。基于这些观点，奥地利经济学派的经济学家坚决反对政府对经济的干预。

第二个学派是货币学派，其代表人物是米尔顿·弗里德曼。根据这一学派的观点，名义国民收入发生变化的主要原因是货币供应量的变化。货币供应量的变化会引起货币流通速度的反方向变化，因此货币供应量的变化对物价和产量所产生的影响是不确定的。短期内，货币供应量的变化主要影响产量，部分影响物价。从长期看，产量完全是由非货币因素（如劳动和资本的数量、资源和技术状况等）决定的，货币供应只决定物价水平。在政策上，这一学派反对国家干预经济，主张实行"单一规则"的货币政策。

不过，真正撼动凯恩斯主义地位的批判不是来自理论，而是来自现实。20世纪70年代，西方主要国家出现了严重的"滞胀"现象，高基点、通货膨胀和高失业率同时并存。凯恩斯主义经济学既无法对此做出有说服力的解释，又未能帮助各国政府摆脱这一困境，因此新的经济理论就有了产生的土壤。

在此背景下发展起来的一个重要理论是"理性预期理论"，其代表人物是罗伯特·卢卡斯和托马斯·萨金特。在一篇著名的论文中，罗伯特·卢卡斯提出了"卢卡斯批判"。在他看来，凯恩斯主义经济学并没有考虑到预期的作用。由于人们有可能对政策做出理性预期，并事先采取对策，所以只有那些令人意料不到的"意外"政策，才会有作用。根据以上理论，旨在稳定经济的货币政策是注定要失败的。

这个时代的另一个重要理论创新是"真实周期理论"，其代表人物是芬恩·基德兰德和爱德华·普雷斯科特。这一理论认为，市场机制本身是完善的，在长期或短期都可以自发地使经济实现充分就业的均衡；经济周期源于经济体系之外的一些真实因素，如技术进步的冲击，而不是市场机制的不完善。根据这一理论，既然经济周期的产生不是由于市场机制不完善，那么政府当然没有理由去对经济进行干预。

"理性预期理论"和"真实周期理论"的政策主张无疑是向古典的不干预主义复归，但干预主义也从来没有在理论界失去市场。包括埃德蒙·菲尔普斯、约翰·泰勒、约瑟夫·斯蒂格利茨、奥利弗·布兰查德、格里高利·曼昆、戴维·罗默在内的部分经济学家吸收了凯恩斯主义中的一些观点，重新强调了经济中的不完善性（如不完全竞争、黏性价格、信息不完全等）是理解经济波动的关键，并认为名义变量（如货币供应）的波动会对实际变量（如产出和就业）产生影响。这些理论被称为"新凯恩斯主义"。

此后，由于西方各国的经济在较长时期内保持了良好的增长，所以宏观经济学家们的关注点也逐步从经济周期转向了经济增长。这段时期内最重要的理论成果是"内生增长理论"，这一理论的贡献者有保罗·罗默、埃尔赫南·赫尔普曼、吉恩·格罗斯曼及菲利普·阿吉翁等，这一理论的核心思想是认为经济能够不依赖外力推动实现持续增长，而内生的技术进步则是保证经济持续增长的决定因素。

在 2008 年的全球金融危机之后，宏观经济学家开始重新关注周期问题，并开始重视原本被忽略的金融部门的影响。其代表成果包括本·伯南克等人对于"金融加速器"的研究等。目前，类似的研究成果还在不断涌现。

第二节　宏观经济政策

一、宏观经济政策的目标

一般认为，宏观经济政策的主要目标有三个：经济增长、充分就业和物价稳定。

所谓经济增长，是指在一个特定时期内，经济社会的人均产量和人均收入的持续增长。这个目标有两方面的意义：一是维持经济增长率的稳定，并使其保持在潜在增长率水平；二是培育经济持续增长的能力。经济增长在一定程度上代表了国民的福利状况，因此增长速度的下降就意味着国民福利的恶化。为了防止这种现象的发生，通常认为政府有必要用政策对冲各种负向冲击，保持经济的持续、稳定增长。

所谓充分就业，是指除了摩擦失业和自愿失业之外，所有愿意接受各种现行工资的人都能找到工作的一种经济状态，即消除了非自愿失业。失业意味着稀缺资源的浪费或闲置，从而导致经济总产出下降，社会总福利受损。失业还会给劳动者家庭生活和心理带来负面影响。由于失业的成本是巨大的，因此通常认为政府有必要利用经济政策创造就业岗位、降低失业率。

所谓物价稳定，是指物价总水平的稳定。物价稳定并不是指通货膨胀率为零，而是允许保持一个低而稳定的通货膨胀率。这种通货膨胀率能为社会所接受，也不会对经济产生不利的影响。

为了实现这些政策目标，政府可以采用货币政策和财政政策来对经济进行调控。

二、货币政策

货币政策是指政府通过调节货币供给量影响总需求的过程。在对货币政策进行分析之前，需要介绍货币的种类和货币的创造过程。

（一）货币的种类

如果读者对财经新闻有所关注，就一定会在新闻中听到诸如 M0、M1、M2、M3 这样的名词。总体来说，这些名词都是不同种类的货币代号。其中，M0 指的是流通中的现金，它和商业银行的存款准备金一起，被称为"基础货币"；M1 指的是 M0 和活期存款的总和；M2 指的则是 M1 和准货币（包括储蓄存款、定期存款和其他存款）的总和；M3 则是在 M2 的基础上加上其他货币性短期流动资产（包括国库券、金融债券、商业票据和大额可转让定期存单等）。

以上四种货币最关键的区别在于"流动性"，也就是转化为可流通货币的便利程度。在以上四种货币中，M0 直接就可以用于流通，M1 可以十分容易地转化为流通货币，M2 转化为流通货币的难度要大一些，而 M3 要转化为流通货币则更困难。

实践中，上述不同的货币种类可以提供不同的宏观经济信息。例如，M1 常被用来衡量经济中的现实购买力，M2 常被用来衡量经济中的潜在购买力，而 M3 则常被用来测算通货膨胀压力。

（二）货币的创造

所有形式的货币，都是由基础货币创造出来的。基础货币究竟是如何进行货币创造的呢？其奥秘就在于部分存款准备金制度。

所谓存款准备金，最初指的是银行为满足客户提取存款和资金清算需要而准备的现金。当储蓄客户把现金存入银行时，银行给客户开出存单作为存款的凭证。如果银行有信誉，银行的存款单（或支票）就会被卖主接受，买主无须提取现金支付就可以完成商品交易；即使有储户提取现金，如果储户很多，那么每天提取的现金是相对稳定的，总体来看它只会占存款的一部分。因此，银行不必将所有的存款都用作准备金来应对客户的提款要求。

在现代中央银行制度下，中央银行是国家中居主导地位的金融中心机构，是国家干预和调控国民经济发展的重要工具，是"银行的银行"。存款准备金是指商业银行在中央银行的存款，存款准备金占其存款总额的比例就是存款准备金率。一般来说，中央银行所规定的存款准备金率总是小于100%，而银行则可以用余下的资金进行投资（贷款）营利。

（三）中央银行调节货币供应量的方法

中央银行调节货币供应量的方法主要有三种：公开市场操作、调整法定存款准备金率和调整再贴现率。

1.公开市场操作

所谓公开市场操作，是指中央银行与指定交易商进行有价证券和外汇交易，这是中央银行吞吐基础货币、调节市场流动性的主要货币政策工具。试想，如果中央银行从市场上买回了100亿元的政府债券，那么它就向市场上释放了100亿元的基础货币。假设市场上的存款准备金率为10%，那么按照前面的推理可知，这项操作会使市场增加1 000亿元的货币总供给量。相反，如果中央银行发放100亿元的债券，就相当于向市场上吸收了100亿元的基础货币。依据同样的推理可知，这会使市场上的货币总供给量减少1 000亿元。

2.调整法定存款准备金率

调整法定存款准备金率是中央银行改变货币乘数，进而改变货币供给的方法。举例来说，假如法定存款准备金率为10%，银行的超额准备金率为2%，那么总存款准备金率为12%，货币乘数为8.33；如果法定存款准备金率下降到8%，且银行的超额准备金率仍为2%，那么总存款准备金率就为10%，此时的货币乘数就变成10。

3.调整再贴现率

所谓再贴现率，是指商业银行将贴现的未到期票据向中央银行申请再贴现时的预扣利率。例如，银行手里有100元的商业票据，但还有1年才到期。如果此时银行需要现金，则可用这笔商业票据作为抵押向中央银行交换现金。如果中央银行规定这份票据可以交换80元现金，则再贴现率就是20%；而如果中央银行规定这份票据可以交换90元现金，则再贴现率就是 10%。显然，再贴现率越低，银行就越愿意向中央银行进行再贴现，从而市场上的货币总供给就越多；反之，再贴现率越高，银行就越不愿意向中央银行进行再贴现，从而市场上的货币总供给就越少。

除了以上三种主要政策手段外，中央银行还有一些其他调节货币供给的政策手段。一种是调整准备金利率。在较早时期，中央银行对商业银行存在中央银行的准备金是不支付利息的，但现在，中央银行对准备金支付利息（当然利率远低于市场贷款利率）。一般来说，如果中央银行为准备金支付更高的利率，那么银行就会积极地把更多的存款留作准备金。

另一种是常备借贷便利。这是给特定的商业银行或者大公司设立的一种贷款，中央银行可以通过这种贷款直接增加货币供给量。以前，只有欧美等国的中央银行提供常备借贷便利，但从 2013 年起，中国人民银行也开始提供常备借贷便利。

此外，中国人民银行还可以对基准利率进行调整，借此来调节货币供给。基准利率是金融市场上具有普遍参照作用的利率，其他利率水平或金融资产价格均可根据这一基准利率水平来确定。在 2010 年时，为了应对国际金融危机的冲击，中国人民银行制定的基准利率是相对较低的。在此之后，中国人民银行为了应对前期刺激政策带来的通货膨胀压力，不断提高基准利率。而从 2012 年 6 月起，经济下行的压力增大，因此中国人民银行再次降低基准利率，以期增加货币供给、刺激经济。

（四）流动性偏好理论及均衡利率的决定

流动性偏好理论是凯恩斯在《就业、利息与货币通论》中提出的，它被用来解释经济中利率的决定。这里考虑的是短期问题，可以暂时假设无通货膨胀，因此暂不对实际利率和名义利率加以区分。根据凯恩斯的观点，货币供给和货币需求共同决定了经济中的利率水平。

先看货币供给。前文已经介绍了中央银行控制货币供给的各种手段。尽管这些手段对于人们了解货币供给机制来说很重要，但对于人们理解货币供给如何影响经济中的总产量和总价格水平则并不重要。为简明起见，可以假设中央银行直接控制了货币供给量。因此，在利率与货币量空间中，货币供给曲线是垂直的。

再看货币需求。根据流动性偏好理论，人们持有货币而不将其存在银行获取利息，是因为要更方便地购买商品和劳务，而免除频繁取款的烦恼。从这个意义上讲，利率就是持有货币的机会成本。利率越高，人们持有货币的机会成本就越大，其对货币的需求就越小；反之，利率越低，人们持有货币的机会成本就越小，其对货币的需求就越大。因此，在利率与货币量空间中，货币需求曲线是向右下方倾斜的。

（五）货币政策的影响分析

在用流动性偏好理论重新解释需求曲线向右下方倾斜的理由后，可以进一步分析政府怎样利用货币政策来调节经济。

为了抵消负向冲击的影响，政府可以用扩张性的货币政策来对负向的总需求冲击进行对冲。例如，选择购入国债、降低存款准备金率或是降低再贴现率等方法，增加货币的供给量，使货币供给曲线向右移动，从而导致均衡利率下降，经济重新回到长期均衡水平。为了防止经济"过热"，政府可以用紧缩性的货币政策来应对这类冲击。例如，通过卖出国债、提高存款准备金率或是提高再贴现率等方法，减少货币的供给量。

总而言之，按照凯恩斯主义经济学，当经济遭到各种外生冲击时，政府可以采取反周期的货币政策来进行对冲。借此，政府可以达到熨平周期、稳定经济的目的。

三、财政政策

所谓财政政策，指的是政府对政府购买和税收的安排。在短期中，财政政策会对商品和劳务的总需求产生影响。

（一）政府购买的变动

当决策者改变货币政策或税收水平时，财政政策会通过影响企业或家庭的支出，间接地影响总需求曲线的移动。而与此不同，当政府改变其对商品和劳务的购买时，财政政策会直接使总需求曲线产生移动。

假设政府投资 1 万亿元修建高铁，那么这笔钱就会增加对相关供应商的产品的需求。这意味着，在既定价格水平下总需求增加了，总需求曲线就由此产生了右移。那么，这 1 万亿元的高铁投资会使总需求移动多少？是否正好移动 1 万亿元？情况并非如此。两种宏观经济效应的存在，会使总需求曲线的移动幅度和政府购买的变动不相同。

1.乘数效应

当政府投资 1 万亿元修建高铁后，会产生一系列的影响。直接来看，政府购买会增加相关供应商的利润和雇佣量。当更多的工人获得工作、更多的企业家获得利润后，他们会将额外的收入用于消费，从而带动对其他商品和劳务的需求。而这又会增加相关产品生产商面临的需求，增加他们的利润和雇佣量，这反过来又会使消费继续增加……如此反复，1 万亿元的政府投资增加所带来的总需求增加将远远超过 1 万亿元。在宏观经济学中，这种现象被称为政府支出的"乘数效应"。

那么，政府购买的乘数效应究竟会有多大呢？这主要取决于 MPC 的大小，即消费增量和收入增量之间的比值，也就是当收入每增加 1 单位时消费的增量。在知道了这个概念后，可以重新思考政府购买增加导致总需求增加的整个过程。

为简明起见，不妨假设 MPC=3/4，即经济中的每一个人在增加了 1 单位收入后，会将其中的 3/4 单位用于消费。当政府增加了 1 万亿元的高铁建设投入后，这笔钱最终会转化为企业家和雇员的收入。给定 MPC=3/4，即人们会将其中的 7 500 亿元用于消费，而这笔消费又将重新转变为工资和利润，并被另一批人获得。这种反馈效应会一直持续下去。

为了得到政府购买增加所带来的总效应，需要将所有阶段的效应相加，由此可知，MPC 越大，"乘数"也就越大。这是因为更多的收入会被转化为消费，从而被重新投入前文所述的循环过程中去。因此，相同数额的政府购买所带来的总需求增量也就越大。

2.挤出效应

乘数效应表明，政府购买增加对总需求的总效应要高于其直接效应，而另一种效应则表明，政府购买增加对总需求的总效应也可能低于其直接效应。这种效应就是挤出效应。为了对挤出效应进行说明，可以重新对高铁投资的影响进行考察。如前所述，在政府增加了高铁投资后，相关供应商的雇员及所有者的收入增加（由于乘数效应的存在，也会引起其他企业的雇员和所有者收入的增加）。随着收入的上升，这些人将会选择购买更多的商品和劳务，因此会选择持有更具流动性的资产（如现金、活期存款等）。换言之，政府开支增加导致的总需求扩张会带来财富效应，而财富效应的存在会增加人们的货币需求。如果货币的供给是固定的，那么货币需求的上升就会导致利率的上升。随着利率的上升，企业的投资成本将会上升，从而会导致投资减少，总需求曲线向左移动，这样就产生了对总需求的"挤出"。

有很多经济学家通过测算财政政策的乘数来考察财政政策的净效应，但不同研究的结论之间有很大区别。例如，迈克尔·伍德福德估计美国的财政乘数在 1.5 左右，这说明乘数效应要大于挤出效应；但根据罗伯特·巴罗的研究，美国的财政乘数事实上不到

1，也就是说乘数效应要小于挤出效应。艾伦·奥尔巴克及其同事的一系列研究则表明，财政乘数在不同时期的差别很大，萧条时期的财政乘数要远远高于繁荣时期。也就是说，在萧条时期，乘数效应相对较大，而在繁荣时期，挤出效应较为明显。

在一项研究中，我国学者王国静和田国强对中国的财政乘数进行了测算，区分了政府消费和政府投资。根据他们的测算，长期的政府消费乘数为 0.790 4，而长期的政府投资乘数则高达 6.113 0。这说明，单纯的政府消费产生的更多是挤出效应，而政府投资产生的则更多是乘数效应。

（二）税收政策

除了政府购买外，税收是财政政策的另一项基本工具。当政府减税时，居民的收入就会增加。他们会将收入增量的一部分拿出来消费，从而会引起总需求扩张，导致总需求曲线向右移动。

和政府购买的变动类似，减税也存在乘数效应和挤出效应。具体来说，税收减免会导致居民消费支出的增加，而居民消费支出的增加又会制造新的需求，从而使其他企业的所有者和雇员收入上升，带来更多的消费增量。以上过程不断重复，就产生了乘数效应。同时，税收减免所带来的总需求扩张也会增加货币需求，在货币供给不变的前提下，均衡利率会上升。由于利率的上升，企业的投资需求会受到抑制，从而总需求也会减少，这就产生了挤出效应。

由于乘数效应和挤出效应同时存在，所以税收减免对总需求带来的净效应也是不确定的，它取决于两种效应的相对大小。当然，在现实中，税收的种类繁多，减免不同类别的税收所带来的总效应可能有很大区别。基于这个原因，如果政府推行更有针对性的结构性减税，其效果可能会好于单纯总量税收减免。

一般认为，相对于政府购买的增加，减税是刺激经济的更好方法。这是因为政府购买经常会被投放到不符合国民福利，或者是低效率的领域。例如，各地对基础设施的重复建设就是典型的例子。相对而言，通过减税，将收入直接返回到居民和企业手中，让他们自行去消费、投资，对于经济的影响则可能是更为有利的。

值得一提的是，减税究竟能否产生效果，很大程度上取决于政府债务的存量和融资渠道。设想，如果政府实施减税，并改由公债进行融资，那么只要政府的赤字不削减，新的融资渠道没有被开拓，这样的减税就很难会有效果。这是因为在人们预期中，政府会在将来重新增加税收，所以人们会自行储蓄来预防这种可能的增税。这样，整个经济的总需求就不会有变化，减税就不会产生效果。

四、关于宏观经济政策的争论

关于宏观经济政策存在着广泛的争议。其中争议较多的话题主要表现在以下两个方面：

（一）政府是否应通过宏观经济政策来调控经济

对于政府是否应该通过宏观经济政策对经济进行调控，学界和政界都存在着巨大的争议。

支持用政策进行调控的学者给出的理由十分直接，认为人们所处的时代无时无刻不在经受着经济的各种冲击，这些冲击可能会使失业率上升、产出下降、通货膨胀率提高，并对国民的福利状况造成严重的损害。尽管大多数学者承认在经历长期的市场自发调整后，经济会恢复到长期的均衡位置，但主张调控的学者认为这一过程可能极其漫长，而且是痛苦的。那么，与其在短期内忍受冲击带来的痛苦，坐等长期调整的完成，为什么不试着用宏观政策进行反向操作，从而缩短调整时间，减少调整带来的痛苦呢？

而反对政策调控的人则给出了如下的反驳观点：

第一，经济政策所依据的经济模型本身是靠不住的，依靠这样的模型来调节经济，很难达到预期的目标。在前面的分析中说，如果通过政策，总需求曲线发生一定的移动就能达到效果。但问题在于现实中的人们既不知道总需求曲线的形式，也不知道总供给曲线的形式，只能借助计量和统计的方法对其进行估计。但是，人们用各种精密的统计方法所得到的参数很可能是错误的，或者说是不稳定的。如果模型的参数不可靠，那么在这些模型的基础上设计相应的政策就会成了"盲人骑瞎马"。

第二，当人们进行理性预期时，政策将是无效的。20世纪70年代，以罗伯特·卢卡斯为代表的理性预期学派开始兴起。这一学派认为"上有政策，下有对策"，如果人们预期到了调控政策的实施，就会预先对此进行应对。例如，当雇员预期到政府要进行货币扩张时，他们就可能预先和企业签订更高的工资。这些预期反应的存在，会削弱政策的有效性。

第三，即使政策所依据的模型是正确的，且不考虑预期的影响，由于政策"时滞"

的存在，政策的效力也会大打折扣。政策的"时滞"包括"内在时滞"和"外在时滞"，前者是指对情况做出反应、进行政策制定的时间；后者是从政策实施到政策发生作用的时间。一般来说，财政政策的出台需要经过更多的论证，但其一旦出台，见效会较快，因此内在时滞较长，外在时滞较短。相比之下，货币政策制定的时滞较短，但其出台后见效则较为缓慢，因此内在时滞较短，外在时滞较长。不过，无论是哪一类政策，都会产生一定的时滞，因此当政策被实施并且起作用时，经济形势可能已经发生了变化。这时，政策就不可能对症下药，其效力也会大受影响。

第四，经济政策不仅可能对稳定经济无效，其本身更可能成为引发经济不稳定的来源。在现实中，奥地利经济学派的学者通常持这种观点。根据奥地利经济学派的经济理论，经济波动和经济周期是不同的。前者可能是某些非系统性冲击导致的，因此经过短暂的调整就能使经济得到恢复；而后者则是经济中的企业家集体犯错，这会导致经济陷入长期的萧条。在一般条件下，企业家不会发生集体的预期错误，只有在受到经济政策干扰的条件下，这种情况才可能发生。从这个意义上讲，宏观经济政策可能会使经济变得更加不稳定。

截至目前，学者们对政府是否应当通过经济政策来调控经济还没有达成普遍的共识，并且可以肯定，相关的争论还将持续下去。

（二）政府应如何在不同的政策目标之间进行权衡

正如前面所指出的，政府在制定宏观经济政策时，可能同时面对很多政策目标，一个政策不可能同时达成所有目标，因此政府必须有多个政策目标，如在通货膨胀率和失业率之间进行权衡。在对这种权衡进行介绍之前，先来介绍一个重要的经济模型——菲利普斯曲线。

1958年，新西兰经济学家威廉·菲利普斯根据英国1861—1913年失业率和货币工资变动率的经验统计资料，得出了一条用来表示失业率和货币工资变动率之间交替关系的曲线。这条曲线表明：当失业率较低时，货币工资增长率较高；反之，当失业率较高时，货币工资增长率较低，甚至会出现负数。后来，人们将这条曲线命名为菲利普斯曲线。货币工资的上升会推高价格水平，使通货膨胀率上升。因此，菲利普斯曲线也可以表示失业率与通货膨胀率在短期内的负向关系：当经济处于萧条、失业率很高时，工资与物价水平都较低，因而通货膨胀率也较低；当经济繁荣、失业率很低时，工资与物价水平都较高，因而通货膨胀率也较高。

　　根据同样的逻辑，得到推论：在长期，总需求的扩张只会造成价格水平的上升，而不会使产出发生变动。因此，长期菲利普斯曲线应该是一条在通货膨胀与失业空间内的垂直曲线。

　　菲利普斯曲线的存在为宏观经济政策的制定者在进行政策权衡时提供了依据。在短期内，通货膨胀率和失业率之间存在着一种替代关系，因此政策制定者可以用政策手段在这两个目标之间进行取舍。但是长期菲利普斯曲线的存在，能够提示政策制定者这种取舍只能是短期的，从长期看，刺激总需求的政策只会带来更高的通货膨胀率，而不能降低失业率。

　　那么，菲利普斯曲线给出的经验关系是否持久？随着时间变化，它会发生怎样的移动？米尔顿·弗里德曼、埃德蒙·菲尔普斯等经济学家强调了"预期"在菲利普斯曲线移动中的重要性。他们认为，在一段时期内，企业和居民对于未来通货膨胀的预期是给定的，他们在进行各类经济活动时，都会将其考虑在内。假设在初始时，经济处于长期均衡位置，经济中的失业率正好等于自然水平，经济中的产出也正好位于潜在水平。如果实际的通货膨胀正好和预期相等，那么它将不会对总需求产生影响。只有当意外的通货膨胀发生时，才会出现总需求曲线的移动，此时，产量与价格组合随着总供给曲线变化，从而使产量上升、失业率下降。

　　在短期，预期通货膨胀水平是给定的，因此经济政策的后果是通货膨胀和失业存在相互替代。但在长期，预期通货膨胀水平本身会发生变动，这引起了短期菲利普斯曲线的移动。新的经济均衡由它和长期菲利普斯曲线的交点确定，此时失业率会回到自然水平，但均衡的通货膨胀率会提高。

　　根据短期菲利普斯曲线，如果要使经济中的通货膨胀率下降一个百分点，那么就必须同时忍受失业率上升一定的百分点。这种为了降低通货膨胀率而忍受失业率上升，可以被认为是一种牺牲，这两个变动率之间的比值就是牺牲率。

　　那么，政府在降低通货膨胀率时需要承担的牺牲率究竟有多大呢？对于这一问题的回答，取决于人们对预期机制的认识。如果认为预期是缓慢调整的，那么正如前面的论述，宏观政策在短期内会造成通货膨胀与失业均沿短期菲利普斯曲线移动，因此在短期内降低通货膨胀率是有成本的。但是，如果根据理性预期假设，那么人们的通货膨胀预期就能很快调整到和实际一致的水平，此时降低通货膨胀率就变得没有成本了。

　　如果通货膨胀率和失业率之间确实存在着一种牺牲率，那么政策制定者的权衡就变得容易了。它可以确定一个定义在通货膨胀率和失业率上的效用函数，然后进行选择。

在最优选择时，这两者的边际替代率应该正好等于牺牲率。这是因为如果边际替代率大于牺牲率，说明政府通过宏观政策继续降低通货膨胀率，并为此承担更高的失业率是更为有利的；反之，如果边际替代率小于牺牲率，则说明政府通过宏观政策继续降低失业率，并为此承担更高的通货膨胀率是更为有利的。只有在两个数值正好相等时，政府才实现了效用最大化的选择。

如果长期菲利普斯曲线是垂直的，则按照短期菲利普斯曲线制定的降低失业率，并试图把失业率降低到自然失业率以下的政策，将导致持续通货膨胀，而不会带来持续的低失业率。

第三节　国内生产总值

一、GDP 的概念

在经济学中，GDP 是 Gross Domestic Product 的缩写，意为国内生产总值。GDP 是指经济社会（即一国或一地区）在一定时期内运用生产要素所生产的全部最终产品（物品和劳务）的市场价值。在这个概念中，有几点是需要特别注意的：

第一，GDP 是一个市场价值的概念。在市场经济中，各种最终产品的价值都是用货币价格衡量的。产品的市场价值就是用这些最终产品的单位价格乘以产量得出的。例如，某国的全部最终产出品是 10 万件衣服，每件衣服在市场上的价值为 100 元，那么该国的 GDP 就是 1 000 万元。这里尤其需要说明的是，只有在允许自由交换的地区，价格才能反映居民的购买欲望，才能衡量价值，这时 GDP 才有意义。如果价格不是由市场决定的，而是由政府任意规定的，那么 GDP 就不可能是真实价值的有效度量。

第二，GDP 不仅包括产品价值，而且包括劳务价值，即以服务形态提供的价值。创造劳务价值的产业被称为"服务业"。计划经济时期的人们认为只有创造物质产品的劳动才是生产性的，才有价值，这种观点是不对的。无论是生产物质产品的劳动，还是像金融、商业、教育等不生产物质产品的劳动，都有价值，都应该计入 GDP。

第三，GDP 衡量的是最终的产品或劳务价值，中间的产品或劳务价值不计入 GDP，否则就会造成重复计算。例如，农民收获了价值 50 元的小麦，送到加工厂制成了价值 100 元的面粉，面粉随后又被做成了价值 200 元的包子。那么在计算 GDP 时，只能将最后的 200 元计入，而之前的 50 元和 100 元都不能计入。

第四，GDP 是一定时期内生产的最终产品价值，而不是销售掉的最终产品价值。例如，一个企业生产了价值 500 万元的产品，但只卖出了价值 400 万元的产品，那么其他的 100 万元产品将被视为存货投资计入 GDP。相反，如果一个企业只生产了价值 400 万元的产品，却销售了价值 500 万元的产品，那么这时计入 GDP 的是 400 万元，同时存货投资减少了 100 万元。

第五，GDP 是一个流量，而不是一个存量。所谓流量，指的是一定时期内发生的变量，而存量则是某个时点上的量。例如，某人通过中介购买了一套价值 200 万元的二手房，那么这 200 万元不能计入 GDP，因为它是过去就建好的，其价值不是现在产生的。但是，在交易过程中所产生的中介佣金作为劳务价值，需要被计入 GDP。

第六，GDP 一般仅指市场活动导致的价值。家务劳动、自给自足生产等非市场活动不计入 GDP 中。例如，从家政公司雇来的保姆做家务要计入 GDP，但家里的女主人做家务不计入 GDP。

二、GDP 的核算方法

GDP 的核算共有三种方法：支出法、收入法和生产法。

（一）支出法

支出法是计算一定时期内整个社会购买最终产品的总支出。在现实中，最终产品的用途无外乎四类：消费、投资、政府购买和净出口。

消费包括购买耐用消费品、非耐用消费品和劳务的支出，但不包括建造住宅的支出。投资是指增加或更换资本资产（包括厂房、住宅、机械设备及存货）的支出，它包括固定资产投资和存货投资。前者是指新厂房、新设备、新商业用房及新住宅的增加，而后者则指企业所拥有的存货的增加（或减少）。政府购买指的是政府对物品和劳务的购买支出，但政府转移支付、公债利息等都不计入 GDP。净出口指的是出口和进口之间的差额。出口产品是本国生产而他国购买的，进口产品是他国生产而本国使用的。因此，出口产品应该计入本国的 GDP，进口产品应该计入他国的 GDP。由于消费、投资和政府购买都可能包含进口产品的价值，所以在计算本国 GDP 时，必须减去进口。这就是只有净出口才计入 GDP 的原因。

根据支出法，只要分别计算出以上四部分的值再进行加总，即可得到 GDP。这里需要特别指出的是，GDP 由消费、投资和净出口三部分组成，是一个恒等式定义，并不表示任何因果关系。在中国经济学界和新闻媒体中，消费、投资和净出口经常被称为"拉动经济的三驾马车"，并成为保证 GDP 增长目标的政策手段。如果消费下降了，就增加投资或刺激净出口；如果投资和出口下降了，就刺激消费。其实这种观点是完全颠倒了因果关系。人类要发展经济，本身是为了增加消费、提升福利，但现在反过来把消费作为增加 GDP 的一个工具，这是颠倒了目的和手段。另外，把投资、净出口的重要性和消费等同，也是不对的。政府为了保证 GDP，过度扩大投资，是可能挤出消费的，而这可能会损害居民的福利。投资是为了提高未来的生产率，从而增加未来的消费，而不是增加当年的 GDP。

（二）收入法

收入法就是从最终产品价值的归属，即所有经济参与者获得的收入来计算 GDP。经济中产生的价值总量，最终会分配到各个经济活动的主体手中。从收入法的角度看，GDP可以分解为以下五个方面：

第一，要素收入，包括作为劳动力报酬的工资、作为资本报酬的利息，以及作为土地、住房等报酬的租金等。

第二，自我雇用的企业主的收入。

第三，公司的税前利润。

第四，企业转移支付及企业间接税。

第五，资本折旧。

只要分别计算出如上几部分的价值，即可根据收入法计算出 GDP。

（三）生产法

生产法是用生产中的每一个环节的增加值之和来计算 GDP。如前面指出的，最终产品的生产需要经过很多步骤，每一个步骤都会产生价值增值。任何一件最终产品的价格都可以通过其每一生产步骤的增加值总和得到。因此，通过计算全社会各生产环节的增加值之和，即可得到 GDP。

从理论上讲，用上述三种方法计算出的 GDP 应该是相同的。GDP 就像一股水流，要知道一股水流有多大，可以盯住起点看总共流入了多少水，也可以看终点流出了多少水，当然也可以统计这股水在流动的过程中汇进了多少新的水。看起点，就是看产品市场，所有的价值从这里产生；看终点，就是看要素市场，即所有市场上产生的价值；而看汇入的新水，就是看各个阶段厂家的价值增量。无论怎么看，同一股水流的大小都是不变的。当然，由于统计误差的存在，现实中三种计算方法的结果也会有所出入，但是相差不会太大。

三、用 GDP 作为衡量经济活动指标的问题

用 GDP 作为衡量经济活动的指标存在很多问题，具体来说，它包括以下几个方面：

第一，它没有包含很多非市场化的经济活动。GDP 衡量的是最终产品的市场价值，很多非市场经济行为，如家务、DIY（Do It Yourself，自己动手制作）活动等都没有被考虑在内。此外，如地下经济等活动，虽然有市场交易，也产生价值，但是由于统计困难，也不能被 GDP 所反映。从这个意义上讲，用 GDP 衡量经济行为会造成很大低估。

第二，它不能反映经济增长方式付出的代价。经济发展会给人们带来好处，但它也需要人们为此付出代价。例如，被污染的环境、被破坏的生态、被过度消耗的资源等，都是经济发展所付出的代价。GDP 衡量的只是经济发展的正面价值，而没有反映经济发展带来的这些负面影响。

第三，它并不能真实反映出居民的福利状况。GDP 不能反映人们的受教育状况、寿命、生活水平和幸福感。经济学上有个著名的"伊斯特林悖论"，说的是随着人均 GDP 的上升，人们的幸福感并没有提升，甚至还可能下降。如果从跨国比较上看，居民觉得最幸福的国度既不是 GDP 最高的国度，也不是人均 GDP 最高的国度，这都说明了 GDP 其实并不能很好地表现人们的福利状况。

尽管 GDP 这个指标存在很多不足，但是它依然是衡量经济发展的一个重要指标，因为从总体上讲，其他福利指标还是和 GDP 成正相关的。至于幸福指数，因为它过于主观，并随着参照系的变化而变化，根本不可能成为衡量经济发展的统计指标。

四、与 GDP 相关的概念

在讨论宏观经济问题时，人们还会经常用到几个和 GDP 相关的概念：国民生产总值（Gross National Product，以下简称"GNP"）、国民收入（National Income，以下简称"NI"）、国民生产净值（Net National Product，以下简称"NNP"）、个人收入（Personal Income，以下简称"PI"）及个人可支配收入（Disposable Personal Income，以下简称"DPI"）。下面，对这些概念进行介绍：

GNP 指的是某国国民所拥有的全部生产要素在一定时期内所生产的最终产品的市场价值。本国居民在国外获得的收入不计入本国 GDP，但计入本国 GNP；外国居民在该国获得的收入计入该国 GDP，但不计入该国 GNP。

因此，在开放经济中，GDP 通常和 GNP 是不同的。例如，日本等对外投资大国的 GNP 要远高于其 GDP，而一些发展中国家的 GDP 则要高于 GNP。如果一国的 GNP 超过了 GDP，就说明该国国民从国外获得的收入超过了国外公民从该国获得的收入；反之，如果一国的 GDP 超过了 GNP，就说明国外公民从该国获得的收入超过了该国公民从国外获得的收入。显然，全世界加总的 GDP 和 GNP 是一样的。

在生产过程中，需要投入各类资本和设备，它们会产生折旧。如果将 GNP 减去资本折旧，就可以得到 NNP。在 NNP 的基础上减去企业间接税，就得到了 NI。而将 NI 减去公司利润、社会保险税、净利息等项目，并加上红利、政府转移支付、个人利息收入等项目，就得到了 PI。最后，将 PI 减去个人税收和非税收支付，可以得到 DPI。

第四节　通货膨胀

一、通货膨胀的概念

通货膨胀是宏观经济学关注的一个重要问题。通货膨胀的最初含义是指由于货币供给量增加，单位货币购买力下降。现代经济学中，通货膨胀指的是物价总水平的上升，不论这种上升是由什么原因导致的。对应地，价格总水平的下降，被称为通货紧缩。在宏观经济学中，物价的总水平通过三个重要指标表示：

第一个指标是 GDP 平减指数。它被定义为名义 GDP 和实际 GDP 的比率，即根据统计学的术语，GDP 平减指数实际上是一种刻画变动篮子的总价格变化的指数，即所谓的"帕氏指数"。

第二个指标是消费者物价指数（Consumer Price Index，以下简称"CPI"）。它被定义为某一固定篮子消费品和劳务的现价，与基年的同一篮子消费品和劳务价格的比。

按照统计学术语，CPI 指数是一种"拉氏指数"，主要用于衡量居民生活成本的变化。一般来说，统计部门会选择一个最能表现消费者对各类商品消费比例的篮子来计算 CPI 指数。

第三个指标是生产价格指数（Producer Price Index，以下简称"PPI"）。它的计算方法和 CPI 类似，不同的是它是以代表性企业购买的一篮子物品和劳务为计算基础的。由于生产要先于消费，企业通常会根据生产成本而调整销售价格，所以 PPI 指数的变动一般要领先于 CPI 指数的变动。在宏观预测时，PPI 指数的变动一般被作为考察通货膨胀的先行指标。

借助 GDP 平减指数、CPI 和 PPI 三种指标的变动，分析我国通货膨胀状况可以发现，无论根据哪一种指标，其反映的通货膨胀走势都是类似的。20 世纪 90 年代中期，我国经历了很高的通货膨胀。这一轮通货膨胀于 20 世纪 90 年代后期回落，至 2003 年前，通货膨胀一直保持在较低的位置。自 2004 年起，通货膨胀有所上升，直到 2009 年受经济危机波及才有较大下降。但此后，通货膨胀又迅速回到了较高的位置。

二、通货膨胀的原因

关于通货膨胀的原因,经济学家有很多种解释。但一般认为,它是和货币密切相关的。这一点,从"货币数量方程式"可以看出来。所有的产出和服务最终都要用货币来购买,而交易所使用的货币总量则取决于经济中的货币总量及货币的周转速度。如果用 Y 表示实际产出,P 表示价格水平,M 表示经济中的货币总量,V 表示货币的周转速度,那货币方程式就是一个恒等式。

不同的宏观经济学流派对它的解释是截然不同的。古典宏观经济学和货币主义认为,货币周转速度 V 是稳定的,而 Y 是由生产率决定的,所以,M 的任何增长都会引起 P 的上升,通货膨胀完全是一个货币现象。凯恩斯主义宏观经济学的观点正好相反,认为 Y 是由总需求决定的,而总需求是由人类的"流动性偏好"和"动物精神"决定的,也受货币量的影响。所以,M 的增加不一定引起 P 的上升。而主流的宏观经济学则采取了比较折中的态度,认为从长期看 M 是中性的,即它只影响名义变量 P,不影响真实变量 V;但在短期,M 则是非中性的,它会对真实产量 K 发生影响。

三、通货膨胀的后果

经济学家之所以关注通货膨胀,是因为它是"坏的"。通货膨胀不仅扭曲资源配置,导致掠夺性的财富再分配,而且加剧经济的周期性波动。

首先,通货膨胀扭曲价格信号,使得经济核算难以有效进行,从而降低资源配置的效率。在市场经济中,价格是人们决策的基本信号,一个企业生产什么、如何生产,都是基于价格的计算。就资源配置的效率而言,最重要的是相对价格的变化。相对价格的变化反映了消费者偏好的变化,资源和要素供给的变化,生产技术、生产成本的变化。通货膨胀的最终结果是所有产品价格的普遍上涨,这种上涨与消费者偏好、要素供给和技术进步都没有关系,不影响资源配置。但在通货膨胀发生的过程中,并不是所有产品和要素的价格同时以同样的比例上升。因此,企业很难在一开始就对相对价格变化和一般价格变化做出区分,从而做出错误的决策。比如,通货膨胀导致汽车价格上升,但汽车厂家误以为是人们对汽车的真实需求增加了,那么这些厂家就会增加汽车的生产,并吸引更多的生产要素流向汽车行业。事实上,汽车的真实需求并没有增加,因为所有产品的价格最终都上升了。但等到汽车厂家明白这一点时，为时已晚，新投入的厂房设备已没有办法实现预期的价值。这就是资源的错配。

通货膨胀还会高估企业盈利水平，导致资本品的消费。这是因为会计实践是按资产的购买价格核算成本的，当通货膨胀发生时，资产的重置成本远高于账面成本，因此企业的利润就被高估。如果企业把高估的利润当作真实利润去分配或花费，真实的资本就会减少。由于信号扭曲和利润错觉，通货膨胀还会使市场的优胜劣汰原则失效。在通货膨胀时期，所有的企业似乎都在盈利，所有的产品都处于"卖方市场"，即使是没有效率的企业也可以生存，那么企业就很难有改进产品质量和提高效率的压力。

其次，通货膨胀导致财富的掠夺性再分配。通货膨胀是由货币的增加引起的，但新增加的货币并不是同时、同比例分配给所有的人，而总是从某个特定的人群流入市场。那些最早拿到新增货币的人可以以当前价格购买商品和服务，随着新增货币向整个经济体系的扩散，商品和服务的价格逐步上升，那些较晚拿到新增货币的人必须支付更高价格才能买到同样的商品和服务。这就是财富在先得货币者和后得货币者之间的再分配。举个例子，假定现在的货币存量是 100 亿元，如果新增加的 100 亿元货币给某个特定的人，这个人至少可以掠夺走一半的社会总财富。通货膨胀还导致财富从债权人向债务人的再分配，从固定收入者向非固定收入者的再分配。债权人和固定收入者是通货膨胀的受影响者，债务人和非固定收入者则是通货膨胀的受益者。

最后，通货膨胀会加剧经济的周期性波动。当新的货币以贷款的形式流入市场时，信贷资金的利率会下降，使企业家误以为经济的真实投资资金增加了，从而开始投资热潮，导致经济的过度繁荣。新的贷款会被投资于各种各样的项目，支付给工人和其他要素所有者，最终推动价格的上涨。但经济的真实储蓄并没有增加，当人们开始平衡消费与储蓄的关系时，已经投资的项目就没有办法收回成本，银行贷款没有办法偿还，资金开始短缺，工厂倒闭，失业增加，价格下跌，经济进入衰退。经济危机通常是通货膨胀政策的结果。

第五节   通货紧缩

通货紧缩是货币供应量少于流通领域对货币的实际需求量而引起的货币升值现象，从而引发商品和劳务的货币价格总水平持续下跌。通货紧缩包括物价水平、货币供应量和经济增长率三者同时持续下降。因此，在经济实践中，判断某个时期的物价下跌是不是通货紧缩，一要看通货膨胀率是否由正转变为负，二要看这种下降的持续是否超过了一定时限。

1929—1933 年，美国物价总水平连续 4 年下降，导致经济大萧条，实际国民生产总值分别下降 9.9%、7.6%、14.9%和 1.9%，失业率由 1929 年的 3.2%急剧攀升到 1933 年的 25.2%，经济陷入严重的衰退。因此，通货紧缩被认为是经济衰退的先兆。自那次大萧条之后，世界范围内几十年没有再出现大规模的资产价格泡沫。到了 20 世纪 70 年代，人们仍然没有意识到泡沫和萧条之间的关联，而是把泡沫和大萧条看作一段遥远的历史，他们更担心的是高昂的石油价格和随之引发的通货膨胀。但是突然间，这种平静的局面被日本剧烈的经济动荡打破。日本遭受了严重的泡沫危机，其经济在随后的十多年里持续停滞。更可怕的是，自 20 世纪 30 年代以来，已经绝迹的通货紧缩再度出现。人们终于意识到通货膨胀很容易导致通货紧缩，通货紧缩会使经济衰退更加严重，经济复兴更加困难。日本在 20 世纪 90 年代的通货紧缩，被经济学家称为"失去的十年"。可见，一旦通货紧缩形成，要想让经济继续增长是非常困难的。

当市场上流通的货币减少，人们所得的货币随之减少、购买力下降时，物价就会开始下跌，造成通货紧缩。诺贝尔经济学奖得主保罗·萨缪尔森是这样定义通货紧缩的："价格和成本正在普遍下降即通货紧缩。"而经济学界普遍认为，当消费者物价指数连跌两季时，即表示已出现通货紧缩。

与通货膨胀引起物价持续上涨、货币贬值影响人们的日常生活一样，通货紧缩也是与每个人息息相关的经济问题。一般来说，职工下岗、物价负增长、企业负债率高涨、投资"套牢"、经济增速下滑、银行利率连续下调、资源消耗量萎缩等，都是通货紧缩的征兆。

通货紧缩对经济增长的影响有短期和长期之分。适度的通货紧缩有利于经济的增长。原因是通货紧缩将促使长期利率下降，有利于企业投资改善设备，提高生产率。在适度通货紧缩的状态下，经济扩张的时间可以延长而不会威胁经济的稳定。如果通货紧缩与技术进步、效益提高相联系，那么物价水平的下降与经济增长是可以相互促进的。长期的货币紧缩会抑制投资与生产，导致失业率升高及经济衰退。原因是物价的持续下降会使生产者利润减少甚至亏损，继而减少生产或停产；物价持续下降会使债务人受损，继而影响生产和投资；物价持续下降、生产投资减少，会导致失业增加，居民收入减少，加剧总需求的不足。

第四章　　经济学思维规律的可靠性研究

第一节　　经济学思维逻辑重构

在经济学史上，经济学家曾就经济学的方法论问题展开过几次重大的争论。例如，英国古典经济学派与国家主义学派关于国家本位和个体本位的争论；德国历史学派和奥地利经济学派关于经济学是演绎科学还是归纳科学的争论；德国讲坛社会主义与马克西米利安·卡尔·埃米尔·韦伯关于经济学的"价值判断之争"；由米尔顿·弗里德曼挑起的关于经济学真理标准的"假定之战"；新古典综合派与凯恩斯学派就"资本测量"问题展开的"两个剑桥之争"；理性预期学派与非主流经济学家关于经济人理性问题的争论；次贷危机爆发后，由英国女王问题引发的对主流经济学内在缺陷的争论等。所有这些方法论的争论，可以归结为方法论框架内的不同主题，其根源是对两个基本问题的看法：经济学应当以什么对象作为其分析单元？作为独立单元的自主行为动因来自何处？围绕这两个问题所展开的论证，构成了经济学不同分析范式的基础。

一、主流经济学的方法论起源

任何一个学科在建立之初，都要首先确定基本的分析单元，如物理学中的原子和粒子，化学中的分子，生物学中的细胞和基因等，都是各自学科的独立研究对象，对它们的分析，构成了不同学科得以确立的基础。当然，基本分析单元的选择并不是任意的，它取决于人们在特定的领域所要达到的目的，根据这种目的，人们决定将哪一个研究对象作为基本的分析单元是最适宜和最能说明问题的。对它的进一步分解，或舍弃它而选择别的单位，将导致问题性质的转移或引起不必要的复杂化。那么，经济分析的基本单元应该是什么呢？

主流经济学的标准答案是独立、理性且自利的个人。这种个体本位的方法论传统，是从亚当·斯密开始的。亚当·斯密在他那部经济学的开山之作《国富论》中，对这种方法论的要点做了系统的阐述。

亚当·斯密的一条思路是从分工的角度来展开他的推理。他首先明确，一国财富取决于一国劳动力的素质与技巧的熟练程度。也就是说，劳动力是一国财富的基本源泉，而"劳动生产力的最大改善，其大部分，看来是劳动分工的结果"。尽管分工有促进劳动生产力的效果，但是亚当·斯密似乎并不认为分工是出于对生产效率的考量，在他看来，分工主要是出于人类交易的天性。然而不管怎样，分工使个人成为相互独立的个体，个人之间的经济关系主要通过契约和交换来完成。

亚当·斯密的另一条思路是"经济行为的原始驱动力来源于个人对自身利益的追求"。他指出，每一个人都不断地驱使自己去为所能支配的资本寻找最有利的用途；他心目中的重点实际上并不是社会的利益，而是他自身的利益。亚当·斯密进一步论证，人们之所以能够得到生活所必需的食物和饮料，并不是出于屠户、酿酒家和面包师的恩惠和怜悯，而是出于他们对自身利益的关心。通过每个人对自身利益的追求，最终促进整个社会的利益。但是，这种促进不是以直接的方式实现的。"在这里，就像在许多其他场合一样，它是被一只看不见的手所引导，促进了与他的愿望无关的目的。与他的愿望无关，这对社会来说并非总是坏事。通过追逐他自己的利益，往往能够促进社会的利益。"亚当·斯密把传统的认为相互对立的个人利益与公共利益在商品经济中统一起来，人们追逐个人利益的行为，通过交换机制的作用，达到了促进整个社会利益的效果。在亚当·斯密的经济学体系中，个人对自身利益的追求是经济发展最原始的动力，不仅个人的经济行为将由此得到解释，而且社会的发展也最终起源于这种经济的"第一推动力"。

另外，亚当·斯密个体本位的方法论选择，与他对经济自由主义的推崇密切相关，他对经济自由的论证，先是从对个人自由的论证开始的。他认为，任何个人只要不违背正义的原则，就可以做他想做的任何事情。个人自由实现了，这个社会的经济自由就会自然形成，从而使经济协调发展，资源配置达到最佳状态。

显然，亚当·斯密认为，公共利益是由每个人的利益组成的，它的实现只能通过个人在追逐自身利益的自由竞争中达到。那些自称为民众谋福利的人，很少能够代表公共的利益，他们可能好心办坏事，也可能企图掩饰自身的私利。个人利益最好的代表就是自己，因此，追逐私利的个人无疑是经济学的最佳分析单元。此外，亚当·斯密对个体本位的方法论选择显然也有其时代背景。当时英国正值工业革命的初期阶段，工业资本的迅速成长，要求对外贸易的扩展和国内市场的扩大，对于处在领先地位的英国来说，经济自由成为当务之急。在意识形态领域，启蒙运动思想家宣扬的民权意识得到广泛传播，政治思想已从法规的起源转向哲学上的理性主义。人的诉求与人的行为成为社会研究领域的主要课题。亚当·斯密在《国富论》中强调个人价值，把追求自身利益看成人的基本权利，并为个人经济自由辩护。这种观点，代表了经济领域人本主义的意识和新功利主义的价值观，反映了当时英国工业资本主义发展的内在要求。在亚当·斯密以后，虽然经济学经历了几次重大变革，但个体本位的方法论原则基本上为主流经济学所继承，并且发展成一种固定化的经济学范式。

这种方法论传统在延续和发展的过程中，虽然也遭到来自国家主义经济学派和来自德国历史学派的批判，但他们的批判，仅仅是用另一种一元论，即国家本位的选择来取代个体本位的选择。在一个私人经济占主导地位的经济体内，这样的主张显然没有多少说服力。直到凯恩斯的《就业、利息和货币通论》发表以后，国家本位的方法论以总量分析的形式进入主流经济学的殿堂，个体本位和国家本位的方法论选择以微观经济学和宏观经济学的方式实现对接。这种对接（不论是否严密）之所以可以实现，是由于两种方法论都有着共同的一元结构，即单一的行为主体、单一的决策机制、单一的行为准则和单一的价值取向。只不过选取的单位，一个是个量，另一个则是总量而已。

表面上看来，主流经济学个体本位的方法论似乎不无道理。个人在生物学意义上是独立的生命单位，理论上，每一个人都可以采取自己认为适宜的活动。而分工和私有制又使个人成为法定的责任主体。个人利益与个人行为之间直接的因果联系，使个人看上去是他自身利益的最好代表者。生产什么、生产多少、如何去生产和如何去消费，这些事情无须借助外部因素的作用，在个体范围内就可以得到解决。因此，以个人作为经济学的基本分析单元似乎没有什么不妥。然而，进一步观察就会发现，这种方法论传统会给经济分析带来许多问题。

二、个体本位的方法论误区

生产者是单纯的产品提供者，人们看不到他本身的消费诉求。生产厂商出售产品只是为了得到更多的货币，所以他并不急于出售自己的产品，具体的表现形式是：供给曲线是从左下方向右上方倾斜的，这意味着只有在价格升高的情况下才会卖出更多。可是，如果生产者本身也是消费者，也有自己的需求，情况又会如何呢？比如，生产者卖出小麦是为了换回布匹，为家里人做过冬的衣服，可这时市场上的小麦价格很低，他是马上卖出小麦，换回自己需要的布匹，还是等到来年青黄不接的时候再卖出小麦呢？如果不考虑生产者本身的需求，答案当然是后者。如果加入了生产者本身的需求，情况就会完全不同。

主流经济学从个体本位的方法论出发，只分析一个生产者、一种商品的供给与需求，以及一种商品的价格。把两个生产者的交换简化为一个生产者的销售，把两种商品的交换割裂为一种商品的买卖，把两种商品的交换比率仅仅理解为一种商品的价格。这显然违背了商品经济的基本特征。

至于商品经济，是将原来在自然经济中的家庭内部分工，转化为社会分工，各个生产者之间形成相互依存的关系，每个人生产的东西主要不是用于自己消费，而是要在市场上销售，并从别的生产者那里换回自己需要的产品。这样一来，商品经济的基本构成单元就不可能是单独的个体，而应该是一个二元交换系统。商品经济与其他经济形态的本质区别，就在于它是一种交换经济，也就是说，人们不是在买卖商品，而是在交换商品。既然是交换经济，就至少要涉及两个行为主体、两种不同的商品和两种不同商品的交换比率（在以货币为交换媒介的情况下，则表现为两种不同商品的价格）。商品经济最简单、最基本的模式是一个二元结构，它至少要包含 A、B 两个生产者，其中 A 生产者生产 a 类商品，B 生产者生产 b 类商品，两者将各自的产品进行交换，形成一个闭合的系统，人们称之为 Aa-Bb 的二元交换单元。这个交换单元中的两个生产者、两种商品和两种商品的交换比率都是商品经济不可或缺的要件。缺少任何一个元素，商品交换都无法完成。显而易见，只有一个生产者的经济体是不可能完成商品交换的。Aa-Bb 的交换单元是商品经济的基本分子式，人们把这个分子式作为经济分析的基本单位。

比较一下就可以看出，主流经济学的个体本位的一元结构与二元结构有着根本的不同。在一元结构中，只有一个决策单位、一个测量标准（即个人收益的最大化），市场、价格和其他的生产者都是决策的外部因素。而二元结构中存在两个平行的决策点,这两个决策点不仅权利对等,而且存在策略的互动。市场是系统的内部结构,价格是系统内的博弈结果,另一个生产者的行为是系统的内生变量。这意味着,不存在一元结构中假定其他条件不变的制胜策略。一方决策的效果,不仅取决于决策者本身的意愿,还取决于另一个决策者的行为。

三、自利还是互利

主流经济学将独立的个人作为经济学的基本分析单位,很自然地将个人利益作为经济行为的基本动机,并且认为这种动机对于商品交换来说,已经足够充分,无须借助其他行为动机。由于只有一个行为动机,个人利益的最大化也就成为经济行为合理化的唯一衡量标准。主流经济学继承了亚当·斯密推崇自利行为的传统,而且把它上升为一个普遍的法则——"自利原则"。为了强调它对于主流经济学的重要性,弗朗西斯·伊西德罗·埃奇沃思甚至把自利原则归结为经济学的"第一原则"。

这里需要思考几个问题:个人的自利行为会自动导致他人和社会整体利益的实现吗?他人利益或社会利益在商品生产者的考量范围之内吗?自利行为是商品经济运行的完备条件吗?或者说,仅有自利原则对于说明商品经济的运行规律已经足够了吗?

要知道,自利行为所涵盖的范围非常广泛。在商品经济中,以次充好、偷工减料、赖账失信、囤积居奇、哄抬物价、虚假宣传和排放污染等自利行为,只能对他人利益和公共利益造成破坏。个人追逐私利的行为,并不能自动促进社会整体利益的实现。以华尔街为代表的精英集团追求自身利益最大化,设计出"次级贷款"这种假冒伪劣的金融产品,将全世界带入危机的深渊。工业化过程中,个体厂家追求私利的行为,造成环境破坏、大气污染,也是追求个人利益不可能自动实现社会整体利益的例证。在二元交换单元中可以看到,只有同时满足对方利益的自利行为,才会被商品经济所承认。也就是说,只有同时满足所有相关方利益的自利行为才能促进整个社会的利益。

商品经济的基础是互利,人们通过分工来提高效率,又通过交换来分享这部分效率。如果交换的一方,只从自己的私利出发,企图以极低的比例与对方交换产品,那么按照这样的比例交换产品,对方会更倾向于自己去生产。这样,互利的基础就被破坏了,商品交换也因此无法完成。这意味着在商品经济中,对自身利益的追求不能超越互利的范围，如果超越了互利的底线，商品交换就失去了存在的前提。而且，除了数量上的互换要比自给自足更有效率之外，在产品质量上，厂商也必须尽可能满足顾客的需求，甚至要想方设法了解顾客的潜在需求。在信息时代，人们对产品的了解空前增长，企业的成功经常取决于给顾客制造意想不到的惊喜。互利是一种相互激励的正反馈过程，一方为另一方提供的产品质量精美（这需要付出额外的努力），且价格合理（经常打些折扣），才能指望对方经常光顾。

由于商品经济是交换经济，它的独特之处就在于，一个人提供的产品和服务要满足别人的需要，这决定了他必须首先考虑对方的利益，才能得到对方的回报，从而实现个人的利益。反之，如果他只考虑个人的利益而不顾他人的感受，那么他自己的利益也得不到保证。如果是合作式交换（如生意合伙人，资本与劳动等），这个人必须用妥协来换取对方的参与热情，一个只知道将自己利益扩张到极致的人，只可能遭到对方的拒绝和报复。

从这个意义上讲，商品经济的理想境界是双赢，即交换双方都能够从交换中得到好处。但这种双赢的局面并不会自动实现，它需要双方做出一些额外的努力。比如，精益求精地制造质量优良的产品，不辞劳苦地提供无微不至的售后服务，殚精竭虑地发明满足顾客需求的新技术等。

每一个走进沃尔玛商场的顾客都会在门口看到一块牌子，内容是"第一条：顾客永远是正确的；第二条：如果对此有疑问，请参考第一条。"这种做法似乎与经济学所主张的自利原则有很大的出入。尽管主流经济学家会争辩说，商家最终还是为了自己的利益，但它是通过最大程度满足客户利益的方式来实现自己利益的，而且这种满足是在有意为之的情况下实现的，而不是像亚当·斯密所说的那样，社会利益是在个人追逐自身利益的过程中派生的结果。在这里，生产厂家要先将顾客放到中心的位置，一切以顾客的需要为转移，而不是以自我为中心，只考虑自己的利益。所以，主流经济学的逻辑顺序可能是颠倒了，不是人们追求自身的利益，社会利益就会自动实现；而是只有满足了顾客的利益和社会的需求，商家的个人利益才有可能得到满足和扩展。自利行为主要表现在以下几个方面：

第一，损人利己的自利行为，如偷工减料、虚假宣传、制造污染等，这种自利行为对商品经济只能造成破坏。

第二，出于自利的动机，但最终损人不利己的行为。例如，上市公司不顾股东利益的巨额融资，造成股价大跌，融资的目标无法实现，股东的资产也大幅缩水。

第三，利己也利人的自利行为。市场经济中那些优秀的企业，在为消费者提供优质产品的同时，也为自己带来了满意的收入。严格说来，唯一与商品经济契合的就是这种自利行为。

第四，利己但不损人的行为。这种行为模式通常只存在于自给自足的经济体内或个人消费领域。在交换经济的商品社会，这种行为只有很少的发生概率。人们的绝大多数行为都要与他人产生交集，并发生有利或有害的效应。

商品营销学的教材都在讲商品销售的第一要务是寻找并发现消费者的真实需求，为此需要研究客户的消费心理和消费动机。"将顾客放在第一位"是现实商业伦理的核心价值，而经济学教科书却反其道而行之，将生产者的自身利益放到了首位，并以此作为经济行为的标准。这种理论与现实的脱节，造成了经济学理论在商业活动中无法应用的困境。究其根本，问题出在主流经济学的一元本位的分析范式上，在这个范式中，只有个人利益这一个维度，没有其他利益相关方的利益考量。商品经济的共享特性，本来应该使互利共赢成为商业文明和商业文化的主流，而且在目光所及的范围内，成功的商人通常也是懂得运用互利原则的人。但在商品经济发展的几百年时间里，互利文化并没有成为市场经济的主流文化，这与西方社会工业化进程主要以对外扩张作为疏解出口有关，也与主流经济学宣扬的自利原则有关。这些都对商品经济本身和管理制度的设计都产生了误导。反过来说，二元的交换模型，由于有了对方利益的维度，满足对方利益和需求成为商品交换的必要和充分条件，经济理论与商业实践实现对接，经济学才可以成为一门能够应用的科学。

实际上，亚当·斯密在论述自利原则时，没有设定自利行为的范围和限度，以致与他后面的一些论述自相矛盾。例如，他在论述自由贸易的合理性时，不止一次地提到"商人和制造业者的私利"会阻止英国实现自由贸易。不仅公众的偏见，还有更难克服的许多个人的私利，是自由贸易完全恢复的不可抗拒的阻力。在这里，个人的私利并没有自动导致自由贸易（在主流经济学的语境中，自由贸易是社会整体利益实现的前提条件）的实现，反而成为其"不可抗拒的阻力"。显然，亚当·斯密并不认为个人追逐私利的行为在任何时候都是正当的。

就连将自利原则作为经济学第一原则的弗朗西斯·伊西德罗·埃奇沃思，也觉得把交易当事人完全定义为自利的经济人有些不妥。像艾尔弗雷德·马歇尔这样的新古典经济学的领袖人物似乎也认为，经济生活中除了自利原则之外，还应该有些什么别的东西。他说，在这个世界上，存在着许多经济骑士精神，它们应该比一开始看起来要多得多。

艾尔弗雷德·马歇尔提出,买卖双方相互妥协的观点特别有益。艾尔弗雷德·马歇尔还讨论了使用奖励和颁发奖章在刺激共同利益工作方面的可能性,其手段诸如骑士勋章、女工产业资金等。这些手段可能对于刺激某些非自利的行为方式有效。他评论道:"无疑地,即使现在,人们也能做出利人的贡献,比他们通常所做的大得多,经济学家的最高目标就是要发现这种潜在的社会资产如何最快地得到发展,如何才能最明智地加以利用。"可惜,人们并没有发现艾尔弗雷德·马歇尔如何把这个"最高目标"结合进主流经济学的体系中。

事实上,一个商品生产者之所以能从他的客户那里获取收益,是因为他提供了可以满足客户需求的产品。在交换经济中,个人效用的大小取决于三个因素:他人的效用、他人效用的转换系数、个人在交换的互利空间所占的比重。这说明,个人效用与他人效用之间存在着相互依存关系。生产厂商只有提供能为对方带来更大效用的产品,才能获得更多的销售额。如果厂商只顾自己的利益,提供给对方的是一些质量低劣的产品,甚至掺假、造假,那么,他的产品一定不会得到对方的承认,他自己的利益也最终得不到保障。

人的本性中自私的那一面经常使人们偏离商品经济所要求的互利基础,打乱商品交换的正常秩序。把握互利的平衡、实现共赢的格局是一门艺术,而且是一门不太容易掌握的艺术,这也是成功的企业家总是少数的原因。

论证自利原则在商品经济中不能成立,并不意味着完全利他主义的原则可以无障碍地植入商品经济中。从博弈的角度来说,完全自利的模型(如囚徒困境)最后的结果是双输。那么,完全利他的模型又会导致什么结果呢?说起来也很奇怪,居然也是双输。由格兰特给出的一个模型,被称为"利他主义悖论"。

在现实生活中,完全利他的行为只适用于单向赠予,如慈善和为他人利益与公共利益的自我牺牲行为,不适合本质上是交换的商品经济。从生存效率的角度讲,完全自利的模型和完全利他的模型都不会产生最佳的结果,即商品经济的最大化收益;即使实现了商品经济的最大化收益,也只能是由互利的模型产生。互利的模型可以由以下几个平衡来构成:

第一个平衡是自利与对方利益的平衡。商品生产出来总是要卖给别人的,如果满足不了别人的利益,自己的利益也就无从谈起。但考虑对方的利益并不是做慈善,而是通过满足别人的利益来实现自己的利益。其平衡的表现就是己方的利益与对方的利益同步增长,如果交换的结果是己方的利益增长,对方的利益下降,或者是己方的利益下降,对方的利益上升，都是偏离了平衡点，属于不可持续的模式，需要做出调整。如果是双方的利益都有增长，但增长的幅度不同，这种模式在短期内可以维持，时间长了就会出现矛盾。至于维持时间的长短，则与双方利益增长幅度的差距有关，差距越大，维持的时间就越短。最稳定的互利模式是双方利益的同步增长。

第二个平衡是自利与成本的平衡。如果无休止地讨价还价，所造成的时间成本、寻找成本和风险成本（被对方拒绝）超过了可能的收益，交易者必须向对方做出让步。

第三个平衡是双方效率的平衡。它取决于商品经济的特性。因为交换的基础是存在剩余，如果对方的效率太低，没有多少剩余可以用于积累，自己这一方从交换中能得到的好处也会减少。交换的本意是实现分工带来的效率，这不仅取决于自己的效率，也取决于对方的效率。当合作方的效率过低时，己方在帮助对方提高效率的同时，也会给自己带来好处。所以，商品经济的真谛是互利双赢，而不是斤斤计较于自己一方物质利益的得失。

自亚当·斯密以来，主流经济学坚持的自利原则，不仅与现实不符，而且还造成了相当大的混乱与误解。在自利原则中，人们看不到企业家必须承担的社会责任，也看不到作为"市场经济灵魂"的企业家精神，更无视市场经济中普遍存在的合作行为和互助行为。这种自私自利的理论假设，与商品经济的互利基础相冲突，已经给人们带来了太多的误导。经济学应该用互利原则作为市场经济中的行为准则，来取代不能自圆其说的自利原则。

四、群体共生现象

在非洲沙漠中，非洲蜥蜴和一种毒性很大的黑蝎子共同生活在一起，蜥蜴为黑蝎子提供栖息之所，黑蝎子则负责保卫它们共同的巢穴不受天敌的侵害。生物学家称这种生存共同体为"共生现象"。作为个体，蜥蜴和黑蝎子都有缺陷，如蜥蜴缺乏良好的防卫手段，黑蝎子则不会自己筑巢。两个看似毫不相干的生物结合成一个利益共同体，可以弥补彼此的不足，产生更大的生存概率和生存空间。"共生现象"不仅是生物界的普遍事实，也是人类社会存在的基础。小到一个家庭或一个合伙制企业，大到一个国家，都是合作共生的现实。

在主流经济学中，个人是足够强大，也是足够完善的。个人不仅理性，而且勤奋，为追求最大化收益孜孜不倦。他们不仅准确地知道自己追求的目标，而且有能力去实现这一目标。在新古典的框架里，理性的经济人几乎是无所不知和无所不能的，因此，他没有合作的必要。合作的基础是个人资源禀赋的不足，而合作可以弥补这些不足，完成个人无法单独完成的目标。要承认合作的必要，就必须承认个人在能力上是有缺陷的，而这与主流经济学的假定不符。

但不管经济学如何假定，合作共生都是经济生活的普遍现实。其中最常见的，就是多人合伙组建股份制公司的情况，组建股份制公司的最大好处就是可以把分散的个人的资源整合起来，完成单独的个人无法完成的商业项目。这种整合的效果大于单独的个人分别努力的总和，这部分多出来的整合效应，就是个人之间合作的基础，也是各方可以分享的由互利互惠带来的好处。

进一步推广，凡是存在团队合作的地方，都存在合力效应，即优势互补效应，它大于个人分别努力后的效益叠加。分工可以使效率提高，同样，合作也可以提高资源的利用效率。分工提高的效率可以通过交换来实现，这是一种效用的互补，而合作提高的效率则可以通过禀赋优势的共享来实现，形成一种功能上的互补。

要解释合作共生现象产生的原因，就必须回答人类是否存在合作互利的动机。罗宾·道斯和理查德·塞勒组织的试验提供了合作动机的解释。他们把受试者分成不同的小组，每一个受试者都能分配到一定数目的货币，如一人 5 元。这笔钱可以带回家，也可以投资到被称为"组织交换"的公共产品中，投资到公共产品中的钱可以按系数 k 增值，且 $1<k<n$（n 为受试者的人数）。假定 $k=2$，$n=4$，如果一个受试者贡献了他（她）全部的 5 元，那么即使最后可以增值为 10 元，他个人只能得到 2.5 元的回报，剩下的 7.5 元会分给其他受试者。按照经济学的自利假定，合理的预期是没有人会对公共产品投资。但在一次性博弈的试验中，受试者的平均贡献率却达到了 40%～60%。在多次博弈中，由于存在"搭便车"的现象，受试者对公共产品的贡献率会随着试验次数的增加而减少，通常在第 5 次重复试验中会下降到 16%，但如果重新开始这个实验，受试者的贡献率又会重新回到 40%以上。当允许受试者互相讨论时，所有受试的 12 个小组都达到了公共产品回报奖励的标准，并且有 3 个小组还超过了这一标准。这说明，至少在博弈开始的时候，人们的合作动机和自利动机占大致相同的比例，而以后的多次博弈中，人们在"搭便车"的自利行为影响下，合作动机会下降，但依然以一定的比例存在。如果有制度的保证（如允许讨论和对"搭便车"实行惩罚），合作的概率会达到普遍的程度。

互利共生现象是经济学无法回避的问题，而互利合作所产生的巨大能量和惊人的竞争力，使人们有必要创立一门建立在互利原则基础上的经济学。

第二节　经济学思维范式对话

一、经济学的思维范式、逻辑推理

经济学流派是多样的，其思想方法的差异使得不同学派之间常有交锋。例如，不但马克思政治经济学与新古典经济学的基本假设尖锐对立，而且经济学自由主义内部也存在不同学派的激烈竞争。米尔顿·弗里德曼的货币学派和哈耶克的奥地利经济学派在研究货币政策上，存在不可调和的方法论的冲突。人们所处的世界远比空想资本主义和空想社会主义的理想复杂得多，找不到任何黑白分明的经济学案例。各派经济学的逻辑矛盾远比相对论和量子力学的论战更为宽广。所以，人们尝试从思维范式的分类开始，展开经济学方法论的对话。

（一）均衡、失衡与非均衡的三种思维范式

如果按方法论而非意识形态分类，经济学理论主要可以分为三派：

一是均衡学派，以艾尔弗雷德·马歇尔的新古典经济学为代表。这一学派的学者认为市场是自稳定的，无须政府干预。均衡的发展观是优化论，和生物学的多线演化不同，优化论相信演化的结果会收敛到一种模式（共产主义或是自由资本主义），结果都是单线或台阶式的轨迹。例如，阿尔奇安认为演化淘汰的结果是优化。

二是失衡学派，以凯恩斯为代表。这一学派的学者认为市场有时会失衡，如居民非自愿失业，政府可以用财政或货币政策恢复均衡。但是没有给出经济失衡，如总需求不足或大萧条的出现。经济失衡用到的数理模型，包括分形布朗运动、胖尾分布和经济物理学的规律等。失衡学派的学者认为股市的大幅震荡可以是大概率事件，没有历史规律可言。新古典经济学的改革派（如信息经济学和机制设计学派），可以看作失衡派新的代表，因为他们试图引入市场机制设计来纠正自发市场的失败，如信息不对称带来的市场欺诈和污染造成的社会损失。

三是非均衡演化学派，以约瑟夫·熊彼特的创新经济学和哈耶克的自发秩序说为代表。这一学派的学者强调经济有机体和生物组织的类似之处在有机结构、生命节律和历史进程，但是对政府作用有不同的认识。约瑟夫·熊彼特认为技术创新是创造性毁灭的过程，最终资本主义会走向社会主义。哈耶克则质疑社会主义计划的可能性，把经济周期的源头归于中央银行的货币政策，他不但怀疑计划经济的可能性，而且主张取消中央银行。他的自由资本主义的理想比亚当·斯密更复古，哈耶克不仅无视殖民主义和帝国主义争霸的现实，还想回到民族国家出现以前中世纪末期的城邦时代。

（二）简单和复杂的逻辑推理

从方法论而言，均衡和失衡理论都可以用不可观察的供求曲线来论证经济政策，论据基本上是难以证伪的逻辑推理。所以新古典的微观、宏观和新制度经济学的争论，不难转化为不同利益集团的政策诉求。例如，在经济衰退期，主张拉动需求的经济学家呼吁增加财政刺激，增加最低工资，这就要求政府给富人加税，或采取贸易保护主义；而主张刺激供给的经济学家呼吁政府通过减税和增加劳工市场流动性来刺激投资，这就要求削减国内的福利政策，加大贸易自由化、扩大出口。国家的经济政策往往是政治妥协的产物，政策失败也会成为党派互相攻击的理由，这对经济学理论的检验带来逻辑上的困难。

新的跨学科研究表明，必须超越经济学的片面思维和简单逻辑，才有可能建立经济学界的共识。

（1）单向和双向思维的矛盾

新古典宏观经济学是片面的单向思维。例如，IS 曲线表明，利率下降必然增加投资，这只是借款方一厢情愿的逻辑。放贷方如果认为经济前景转好，才会增加贷款；如果认为利率下降是经济下行的信号，反而惜贷，就会导致投资下降而非增加。新古典宏观经济学的逻辑只是借贷方的"单向思维"或"半边经济学"，因为完全无视生产者或投资者。

微观经济学的标准模型，认为任何政府干预都会扭曲市场、降低效率、增加交易成本。信息不对称背景下的机制设计，同样会增加交易成本，刺激游说集团扭曲市场规则的政治经济学。经济学家的经济效益只考虑经济人和交易对象的利益；政治学家和人类学家比经济学家更重视"非市场"的资源配置方法，包括公共产品，社区产品和公益服务等，因为他们考虑的不仅是某些个人或群体的经济效益，更关心降低社会利益冲突形成的社会成本和增加的生态效益。

（2）封闭和开放思维下决定论与非决定论的因果性

新古典经济学的IS-LM曲线，描写的财政与货币政策只对封闭经济体系成立，因为他们无视开放竞争的不确定性。例如，20世纪70年代的经济衰退，美联储为了刺激经济而降低利率，但是欧洲美元市场的利率高于美国，这导致美国的资本外逃，而非扩大投资，使美联储的货币政策失效。那次金融危机的经验，让人们看到西方中央银行降低利率的后果并非只有一种。IS曲线不一定是向右下方倾斜的直线，而可能是复杂的曲线。

（3）线性与非线性的不同机制

线性机制最典型的例子就是新古典经济学的需求定律。新古典经济学假设人的欲望贪得无厌，没有生理或社会的约束，没有边界的限制，价跌必定导致需求量增加。

简单地观察后就会发现，人的行为必然是非线性或多台阶的机制，远比新古典经济学的线性需求定律复杂。原因主要表现在两个方面：

第一，人是生物。消费行为必受生理学的约束，有生存下限和饱和上限。

第二，人是社会动物。需求的商品有多种类别，与生活必需品不同，人们对投资品和炫耀消费品的反应，会受群体气氛的影响追涨杀跌，这会产生S形或Z形的供求曲线，使市场产生不稳定均衡。

（4）原子论、系统论和网络论的不同互动关系

科学发展极大地改变了人们对因果律的认识。要想理解艾萨克·牛顿（以下简称"牛顿"）决定论的力学观，可以参考打克郎球，球杆击球有明确的因果关系。但是从统计力学的角度看两个粒子的碰撞，就只有互动关系而无因果关系，多个粒子碰撞就相当于单个粒子和平均场（代表宏观环境）的相互作用，这也是黄有光"综观"基础的概念。系统论有科层结构，网络模型重视节点和集团的连接关系，它们的结构关系远比原子论的一般均衡模型复杂。

（5）状态和组织的有序概念

自然科学和医学的有序概念早就从状态发展到组织。只有17世纪的静力学把稳定和不稳定作为研究的出发点。天文学研究的轨道从圆周运动发展到椭圆，才有牛顿的动力学。化学早在17世纪就开始研究分子结构，物理学从19世纪的原子结构，进入到20世纪的基本粒子。生物学的研究从外表形态，到生理结构、细胞和DNA。人类学研究

家庭、社区、城市、国家的结构。令人惊奇的是 20 世纪中叶发展的新古典经济学。进入 21 世纪，微观经济学的个人和企业还都是点状结构，经济有序的概念只有自由进出的个体，家庭、企业、政府都没有内部结构。新古典经济学关心的只是点状原子的稳态或非稳态，历史轨迹和相互关联都不关心，才会把组织程度越来越高的经济活动，看成一群无关联粒子的随机游走和布朗运动。

（6）数理模型的简单性、复杂性、合理性和适用性

现代经济学越来越多地用数理逻辑来取代形式逻辑。所以，人们应当关注假设的合理性和现实性问题，包括数理模型的类型和选择。

对新古典经济学数理模型的批评来自两个方向：一些人认为经济学的数学用得太深；另一些人却认为经济学的数学用得太浅。问题是什么样的数学模型适用于经济学呢？

第一，经济学数理模型的简单性和复杂性。

从直觉上讲，人的经济行为应当比生物复杂，生物学又应当比物理学复杂。但经济学的研究实践恰恰和人们的直觉相反。如果把经济学模型和物理学、人口学、生态学、社会学的数学模型相比，经济学的模型要简单得多。经济数学和科学、工程与生物学比，不是太深了，而是太浅了。经济学的数学模型多数属于高等数学的初级阶段。凯恩斯批评古典经济学是欧氏几何，他主张非均衡的经济学理论，要学习爱因斯坦广义相对论的非欧几何。

经济学占统治地位的是线性差分方程，物理学、生态学、社会学都是线性和非线性的微分方程。经济学的数理统计依据的是静态的高斯分布，人口学、生态学、社会学用到稳态的非高斯分布，物理的统计力学已经在研究非稳态和非均衡（多峰）的分布函数。微观效用函数常用的 Cobb-Douglas 函数，表面是非线性的幂函数，取对数后变为线性函数，目的是简化计量经济学的回归分析，这是伪装成非线性而实质是线性的数学模型。

经济学偏爱线性和稳态的数学模型，原因有两个：其一，线性模型有解析解，使回归分析有简单的结果，容易成为论据。如果是非线性微分方程，就可能只有数值解，没有解析解，模型的解释容易引起争议。其二，线性方程的解可以加总。复杂的宏观模型可以简化为微观的代表者模型。

数学简单和复杂模型之间的误差是巨大的。观察货币指数可以发现，货币运动方程是非线性的差分微分方程（数学上首先用于生态学和神经元的描写）。如果数值解的允许误差为 1%，解 1 维的差分微分方程，要展开为 10 维的常微分方程；每个微分方程再

展开为100维的差分方程,结果是解1 000维。如果用宏观计量经济学的惯例,把10 000个非线性差分方程组,简化为1维的非线性差分方程,再简化为1维的线性差分方程。这样巨大的计算误差使人难以分辨货币政策的内生性和复杂性。

经济学中简单和复杂的数学问题的定性差别,可以比较力学中单体、双体、多体和群体之间的差异。新古典经济学所谓的资源优化分配,只对单体问题成立。陶永谊引入双体模型,就把个人的自私行为,转化为两者的互利行为。要讨论领袖或不平等分工的起源,就必须研究三体和多体的问题。微观经济学虚构的市场和政府之间的对立,只是"方法论个人主义"的产物。面对三体和多体问题,结果的多样性、复杂性和不确定性,就超出新古典经济学"市场与政府"两元对立的范畴。

和经济模型坚守简单性的传统相反,自然科学数学模型从简单到复杂的演化,有两个驱动力:其一,认识自然现象从简单到复杂的演化过程,只有促使数学模型的相应演化,才能理解观察到的现象。其二,高速计算机的发展,使过去难以处理的不可积系统,在计算机中得到数值解,此时如果再做计算机模拟实验,就可以比较计算结果和实验观察的数据。经济学早晚要融入科学复杂化的历史潮流。

第二,经济学数理模型的合理性和适用性。

不同的经济学流派和学刊,对经济数学的复杂程度,有不同的选择标准。例如,研究经济史的杂志,有的只用简单图表,有的会用计量模型。奥地利经济学派一度强调哲学和历史的分析,不相信数学在经济学的应用。在发现经济混沌之后,奥地利经济学派新一代的经济学家,意识到哈耶克的自发秩序和内生货币可以用非线性数学来描写,转而成为研究经济混沌的积极支持者,反过来批评新古典的数学模型简单落后。

选择什么样的数学模型,第一取决于数据的来源,第二取决于问题的需要。不能"一刀切",要具体问题具体分析。如果只有不多的历史数据,就只列一个表格观察历史量级和趋势的变化,用不到数学模型。如果有年度和季度数据,就可以用计量经济学的差分方程和回归分析。如果金融指数有月度或每周、每天的数据,点数在几百到几万的量级,就有可能应用连续时间的非线性微分方程,计算非稳态时的分布函数。计量经济学的崛起源于定量分析的需求,大萧条之后,各国政府都投入巨资来收集大量的经济数据,这就把定性分析的传统经济学边缘化。金融衍生品市场的发展,引入更先进的"火箭科学"来处理海量的金融数据。信息化的进展,必将改变微观经济学和营销学的面貌。

二、经济学理论的检验方法

这里重点讨论经济学不同流派互相冲突的理论如何检验。从前面的讨论中可以看到，用逻辑方法或数理模型，可以鉴别理论是否自洽，但是难以判断理论的真伪。因为不同的逻辑或数学模型，在理论上可以共存，但在实践中哪个较好，要有其他的比较依据。下面讨论三种经济学理论的检验方法：

（一）经济实验室和计算实验室对经济学理论的检验

实验经济学、计算经济学和经济物理学等交叉边缘学科，研究了不少"反常"经济现象，不断用新的证据挑战新古典经济学的理论假设。

1.实验经济学的发展和局限

行为经济学的发展在很大程度上得到实验经济学的支持。行为经济学研究的许多反常现象，都在挑战和修正新古典微观经济学的基本假设。

实验经济学有两个局限：一是实验室只能控制少量因素的变化，而实际问题涉及的变量个数和变化范围要复杂得多；二是实验室模拟经济动机的程度取决于实验的研究经费。例如，研究激励机制时，分别设定奖励 10 元和奖励 10 万元，结果可能大不相同。所以，目前实验经济学的规模，还局限于检验某些简单的假设，不足以回答更实际的问题。这就出现了其他的实验方法。

2.计算经济学与经济物理学的计算机模拟实验

如果把一般均衡模型看作一种静态的计算机模拟实验，则计算经济学与经济物理学将规模和复杂程度大得多的计算机实验不断向前推进，从而模拟真实的市场行为。这方面的典型是圣塔菲研究所的异质经济人的计算机模拟市场。人们对圣塔菲的批评也很中肯，即计算机模拟只是改变了观察市场的视角，并没有变革经济学的规范，因此经济政策的辩论和新古典供求曲线的"艺术"一样，还未达到类似天体物理学的"科学"的阶段。2015 年新成立的经济复杂性跨学科研究会，正在整合国内这方面的研究。

3.非稳态时间序列分析和非线性计量经济学的突破

米尔顿·弗里德曼提议，实证经济学可以通过观察预测结果是否正确来检验经济学理论，这一提议并不可行，因为经济运动不是稳态的时间序列。预测错误不一定源于计量模型的错误，而可能源于计量模型参数随时间的变化。

20 世纪 80 年代起，计量经济学的相关学者认识到线性模型的局限，开始引入非线性模型。问题是非线性回归分析的前提在于经济运动是可积系统，也就是系统的解可以表达为已知的解析函数，且不随时间变化，即稳态的时间序列分析。经济混沌存在的广泛证据显示，经济运动是随时间变化的不可积系统，必须发展非稳态的时间序列分析方法。

人们在 1994 年从量子光学和信号处理工程引入的二维时频分析，可以分离经济指数中存在的大幅噪声和混沌信号，为非线性动力学研究和非稳态时间序列分析提供了新的计算机实验方法，可以用经验数据的分析来检验新古典动态模型的基本假设是否成立。因为动态均衡模型的基础用均衡态加白噪声来描写宏观与金融的时间序列，和非线性的色混沌模型有显著差别。

应当说明，发现经济混沌的经验和理论证据始自 1988 年，至今已有三十多年的历史。但是西方主流经济学一直不愿面对复杂经济学提出的一系列挑战。直到 2008 年的金融危机才动摇了主流经济学对均衡理论的崇拜，开始讨论经济的复杂性和系统风险。

（二）历史作为检验经济学理论的自然实验

历史可以检验经济学理论，具体分析如下：

1.英美的外贸持续逆差和亚当·斯密的贸易平衡理论

亚当·斯密的《国富论》仅有一次提到"看不见的手"，是在论述"限制进口国内可生产的货物"时，目的是论证国际贸易会自动平衡。新古典经济学的均衡模型以为单靠汇率调整就能解决国际贸易的平衡问题，实际上只是亚当·斯密理论的变种。

亚当·斯密为了证明自己的猜想，给了一个具体的例子。假设有个 A 国商人做国际贸易，从 B 地买了玉米，用船运到 C 国。船空着回 A 国不合算，他会运 C 国产的水果和葡萄酒回去。如此简单的一个外贸例子，亚当·斯密来了个逻辑跳跃，断言国际贸易一定会自动平衡。亚当·斯密的推理其实有大的漏洞，因为往返的船里所装的东西，重量不一样，体积不一样，总的价值便不会一样。这是贸易结构复杂性产生贸易不平衡的常识。

历史上有大量案例可以证明亚当·斯密"看不见的手"的理论在国际贸易问题上是不成立的。美国的贸易逆差从 20 世纪 70 年代开始持续到现在，经历了各种各样的热战、贸易战和汇率战，使用压制日元、人民币升值等非经济手段，美国依然没有实现贸易平衡。

贸易难以自动平衡的原因在于，贸易平衡涉及多种商品，而非只有两种商品，多种商品的贸易平衡必将涉及复杂的结构问题。

2.阿罗-德布鲁的"一般均衡理论"和东欧的转型实验

新古典微观经济学把亚当·斯密"看不见的手"发展成阿罗-德布鲁的"一般均衡"模型，声称在完全市场的条件下，自由浮动的价格体系有稳定的唯一解。历史上唯一一次自觉应用一般均衡理论的经济决策，就是20世纪80年代末到90年代，以哈佛大学教授杰弗里·萨克斯为代表的西方经济学家在东欧和俄罗斯推行的休克疗法，导致比两次世界大战还要严重的经济损失，其结果和中国"摸石头过河"的"价格双轨制"采取的渐进实验大相径庭。

值得注意的是，起初，包括世界银行、国际货币基金组织在内，美国和西欧的主流经济学家几乎无一例外地赞成一次性地放开价格管制，质疑中国渐进的价格开放。他们对市场稳定的崇拜来自阿罗-德布鲁模型，他们用看似高深的拓扑学证明市场经济的均衡解是唯一和稳定的。只是静态数学模型无法算出价格收敛的速度，便借助于哲学寓言的力量。诺贝尔经济学奖得主米尔顿·弗里德曼在中国推销休克疗法的比喻是：一刀砍掉蛇的尾巴，蛇还能活，几刀砍蛇尾，蛇就死了。杰弗里·萨克斯的说法是：深渊只能一步跳过去，可是没有人知道蛇有几条尾巴，也没有人知道深渊有多宽。中国刚开始宣传价格改革，就引起全国的抢购风，使中国的"价格闯关"立刻刹车，此后转入"双轨制"，至今国内能源、粮食、教育、医疗的价格还没有完全放开。东欧和俄罗斯的价格自由化却导致高通货膨胀和长期的萧条。

东欧转型的最初十年，匈牙利和波兰的GDP下降18%，俄罗斯下降43%，乌克兰下降61%。通胀率上，波兰高达400%～580%，乌克兰高达3 400%，俄罗斯高达4 000%，高通胀持续时间为5年～8年。货币贬值上，匈牙利和波兰贬为1/4，俄罗斯贬为1/5 500，乌克兰贬为1/76 000。东欧转型衰退持续的时间差别极大，波兰持续7年，俄罗斯持续16年，乌克兰持续15年，至今还不到1990年的65%。和1990年相比，东欧欧洲国家增长最快的是波兰，只有1990年的2倍，俄罗斯仅1.2倍，而中国却近10倍。

休克疗法的历史先例是战后西德出现过的"艾哈德奇迹"。时任经济部长的德国经济学家路德维希·威廉·艾哈德不和美军总部商量，在1948年6月借引入新西德马克之机，突然解除价格管制，很快恢复了市场的繁荣。这使西方经济学家一致认为，东欧转型可以重复艾哈德奇迹。然而东欧各国在快速实行价格、外贸和汇率的自由化之后，带来的不是经济繁荣，而是巨额的贸易逆差、通货膨胀、货币贬值、企业倒闭和大量失业。西方援助的苛刻条件要求东欧国家提高利率、紧缩预算、出售国有资产，经济更是至今没有恢复自主发展的元气。

为什么1948年的艾哈德奇迹在20世纪90年代的东欧转型中没有重演？因为西德战后一片废墟，分工回到原始的原子经济，这才是阿罗-德布鲁模型成立的前提。东欧转型之初，世界已经形成复杂的国际分工网络，价格体系是分工结构的结果。废除经济互助委员会的多国税收条约，东欧片面对西方开放，当即打碎东欧原有的分工协作，企业的零部件供应普遍中断。贸易自由化是东欧片面对西方开放，而西方并没有同时对东欧开放市场。这导致西方低端的日用品连手纸也大量涌入东欧，而东欧原来有价格优势的农产品和工业品，因为不熟悉西方的营销网络和质量标准而被挡在门外，导致东欧企业大批倒闭。私有化过程中欧洲普遍缺乏货币资本，东欧的私有化进程使西方跨国公司得以用低廉的价格收购东欧的核心企业。相比之下，中国开放之初的高关税保护了民族企业的生存空间，选择性的区域开放又使国有企业和民营企业逐步学会和外国企业竞争，所以技术和人才远比东欧落后的中国企业，在转型过程中能快速成长，民族企业逐步学会和跨国公司竞争。

新古典经济学的价格理论忽视了工业化经济下的"迂回生产"和"产品周期"。不同产品有不同的生产周期。蔬菜和肉类的生产周期只有几个月，电站的投资周期是几年，大学和医院的建设成长要几十年时间。由于产业结构大不相同，转型过程中不同产业价格趋稳的速度也大不相同。

问题不只是边界条件，而是一般均衡模型本身抽象掉了工业经济的本质。阿罗-德布鲁的模型商品有无穷长的生命，否认约瑟夫·熊彼特的基本发现，即技术革新和产品周期的密切联系。微观经济学的一般均衡模型至多能描写工业革命以前的手工作坊，无法理解市场经济普遍存在的经济周期和技术的新陈代谢。

3. 美国经济演变的历史趋势否定资本主义的乌托邦理论

罗纳德·哈里·科斯的交易成本理论暗示市场竞争会降低交易成本。新古典微观经济学假设任何政府干预都是对市场的扭曲，预言市场优化应当趋向政府角色的最小化。

道格拉斯·诺斯定量研究美国当代经济史的时候，发现美国的交易成本占GDP的比例，从1870年的25%上升到1970年的50%。他发现经济发展的动力不可能由交易成本的减少来解释，必须研究文化、风俗等其他因素。

美国政府运作的基础是税收。美国税法的长度可以作为美国政府从小到大的成长指标。美国联邦税法的页数在百年间增长了近186倍，从1913年的400页，增加到2014

年的 74 608 页。有趣的是，大萧条时期的新政税法增加也不到 1 000 页，第二次世界大战使税法增加到 8 200 页，冷战期间税法增加到 1984 年的 26 000 页。里根推行"小政府"，税法长度急剧增加，2004 年超过 60 000 页。同期，美国 GDP 只增加约 20 倍，美国人口只增加 3 倍。美国税法增长的速度比人口和经济增长的速度，分别高 1 和 2 个量级。这和新古典经济学的理想背道而驰。

（三）学科金字塔的现实性约束和理论的构造空间

心理学的马斯洛金字塔指出人的心理活动的基础在生理需求的满足之上。人们可以构造一个类似的学科金字塔，说明学科之间的互动和约束关系。这里给出的学科关系，相当于引入新的逻辑自洽的理论约束，给理论假设的"现实性"提供了具体的参照系。人们把基础学科对经济学理论的约束，视为实验检验的方式之一，因为物理、化学、生物、心理学的基本规律，都以大量的实验为依据，这和经济学的公理化假设有本质的不同。

三、经济学未来的发展方向

如果经济学是一门经验科学，那么目前经济学的历史定位如何呢？

（一）现代经济学正从炼金术走向经验科学

根据牛津大学著名计量经济学家的判断，计量经济学还不是科学，而是炼金术。要说明的是，虽然炼金术在科学史上的地位不应被低估，它发展了实验和定量分析的方法，但是并未建立统一的、经得起大量实验检验的理论，属于"前科学"的历史阶段。新古典经济学的主要贡献，是从方法论上系统引入数理模型和经济的定量研究，这可以作为经济学学生的基础训练，就如初等数学为高等数学打下的基础一样。但是，必须让经济学的学生理解，新古典经济学作为政策指导的严重局限。必须用中国和世界的经济实践，来检验经济学教科书的理论，否则会犯教条主义的错误。

1.有望发现真实的宏观经济动力学

宏观经济学的核心是经济周期理论。通过分析大量的宏观与金融指数，发现宏观计量经济学的分析框架还相当于天文学地心说的时代，没有解决经济学的哥白尼问题和开普勒问题，即经济观察是否存在相对优越参照系（如哥白尼的日心系），是否存在合理的基函数（如开普勒的椭圆，而非托勒密或哥白尼使用的圆周运动）可以大大简化对宏观动态的描述，并建立统一理论（牛顿的动力学方程）。人们发现真实经济周期学派的 HP 滤波器相当于经济学的日心系，借用量子力学的小波表象可以解决经济动力学的开普勒问题和牛顿问题，代价是放弃芝加哥学派的有效市场假设、货币中性理论、理性预期和微观基础模型。经济学要建成凯恩斯梦想的"一般"理论，可以考虑用小波表象作为不同生命周期产业新陈代谢的统一度量。

2.金融理论可以融入复杂经济学框架

人们发现金融理论的变量都是可观察的金融指数。金融学已经发现金融内生不稳定性的来源是采取正反馈策略（追涨杀跌）的噪声交易者。金融理论只需引入群体的生灭过程取代个体的布朗运动模型，就足以诊断金融危机。异质和同质的交易者都可以引入群体的期权定价模型，把现有理论作为特殊的简化模型。描述股市运动不需要理性和有界理性的假设，但需要高阶矩来预警金融危机。

3.微观经济学可能需要基本的变革

新古典微观经济学的框架理论自成体系，但是离现实经济最远，如何变革有待进一步探索。要想把最简单的供求曲线扩展为非线性的供求曲线，来做定性的供求分析并不难，困难的是一般均衡模型的几个基本假设远离现实，误导经济政策。市场经济的核心是市场份额竞争，价格只是竞争市场份额的工具之一，不可能完全决定资源分配的优化。现实经济和产业的市场资源有限，不存在完全竞争所要求的无数竞争者。企业提高利润和扩大市场的主要方法是产品创新，这为封闭系统的完全市场假设所不容；企业降低平均成本的有效办法是利用规模经济，这又被竞争均衡的凸性假设排除在外。科学技术的发展越来越复杂，对市场监管和协调的社会需求越来越大，新古典理论却断言一切政府干预都是扭曲市场、降低效率，这和工业化国家规范市场的经验相矛盾。微观经济学能否建立可观察、可证伪的数理模型，还有待于未来的探索。

（二）加强不同学派和不同学科的对话交流，发展经济学研究的共同平台和统一理论

历史上，跨学科的研究和对话会产生革命性的成果，如控制论和量子生物学，对系统工程和分子遗传学有重大的影响。经济学辩论政府与市场的关系问题，可以从生物学研究神经系统和血液循环系统之间的关系得到启发。抽象讨论政府与市场的边界不如研

究多层复杂网络之间的关系。想象自由进出的企业和组织，不如借鉴生物的细胞学研究细胞壁的渗透和选择功能，如何吸收养料，排出废料，新陈代谢。产业经济学、生态经济学、城市和区域经济学都可以大量吸收相关科学和工程领域的丰富知识。

中国的理论研究，要避免简单地用中国数据来拟合西方模型。要重视现实经济的研究，包括田野调查、历史案例和经验数据的收集分析，并和实验研究相比较，才能用中国实践来检验和发展西方经济学的理论。

更基础的工作，是要改造经济统计的分类和计量方法。目前三次产业的分类是不合理的，第三产业应当把传统的低端服务业（如餐饮、旅馆）、公利性的高端服务业（如科研、教育、医疗）和双刃剑性质的复杂服务业（如金融、媒体、司法）分开，才能指导经济政策和分配体制，协调产业和区域的发展。

（三）正视当代社会的重大问题，总结中国实验的普遍经验

即使是西方发达国家的成熟市场经济，目前也面临三大危机。三大危机包括生态危机、金融危机和治理危机，值得中国和其他发展中国家警惕。西方节省劳动力与消耗资源的分工模式，导致全球暖化、资源战争和生态危机，西方社会的高消费和现代病不可能持续。人口老龄化、虚拟经济和债务危机是金融危机频繁发作的根源。面对贫富差距的扩大和国际竞争力的衰退，西方的政治、司法、经济体制面临治理的危机，利益集团的冲突使政府应对危机的调整能力陷于瘫痪。这对以西方中心论为核心的西方经济学，提出严重挑战。

当代社会凸显民主和科学的矛盾。民主的含义是多数人决策，西方民主政治的多数人选择高福利政策，导致妇女不愿生孩子，发达国家人口老龄化，不得不依靠外来移民，造成目前西欧和美国严重的民族矛盾、文化冲突和债务危机。新古典经济学的均衡论预言资本流动应当从发达国家向不发达国家扩散，现在的资本流向恰好相反。人口的流动也加剧了地区和城乡之间的不平衡，从而恶化生态危机。科学的含义是实验的检验支持少数人的远见。自然科学的发展确实如此，但是社会科学的许多乱象却更像是罗纳德·哈里·科斯主张的思想市场，靠资本或人群的力量来左右社会科学的导向。被社会实验否定的错误思潮可以在利益集团的支持下占领学术和媒体阵地，成为阻碍而非推进社会改革的力量。

对于中国沿海居高不下的房地产泡沫，是继续推行土地和住房的市场化，还是参照新加坡、北欧和英国的经验，扩大非营利的住房、教育和医疗系统，研究混合经济的共

生关系，以兼顾经济效益、社会公平和生态和谐？其结果是增加全社会的福利和维护生态和谐，还是保护少数利益集团的短期利益？与其空泛批评中国要素市场的扭曲，不如研究发达国家和发展中国家不同时期的典型案例，研究不同的土地管理体制、金融监管政策和劳工市场的规则如何影响不同时期的国际竞争力。哪些不必要的行政审批需要精简，哪些必要的技术、金融、生态监督需要加强，都要具体问题具体分析。不能在给降低交易成本找借口的同时，增加社会受损带来的成本。正因为世界的发展是非均衡的，所以人们要重视历史、自然和社会的约束，这对发现适合本国国情的经济体制和经济政策至关重要。

（四）参与反思和更新经济学的世界潮流

宏观经济学的均衡理论完全否认内生市场不稳定性的可能机制，才会使罗伯特·卢卡斯领导的反凯恩斯革命完全解除经济学主流对经济危机的警惕，并得以推行长达三十年的经济自由化政策，导致大萧条以来最严重的经济危机。黄有光对经济学的批评，勇于挑战保罗·萨缪尔森、罗伯特·卢卡斯和罗纳德·哈里·科斯等名家，给中国经济学家树立了一个和经济学名家平等对话的榜样。即使像保罗·克鲁格曼那样坚定的新古典经济学家都在呼吁反思经济学理论。

第三节　实践中的经济学思维规律的可靠性

一、实践是评判真理的标准

在科学研究中，一般认为，实践是评判真理的标准。但对于数学这类严格的科学来说，人们似乎更看重逻辑证明，这是因为人们相信实践的范围总是有限的，而逻辑似乎不受此影响。下面将从三个方面讨论思维规律及其可靠性与实践的关系：

第一，人的认识过程表明，由于思维的依据（即感觉材料）并不全面和客观，因此如果没有实践的反馈和矫正，人的认识将既不能突破柏拉图的洞穴预言，也无法达到康德的自在之物。

第二，根据恩格斯关于思维规律和客观规律相一致的论述，人们研究了形式逻辑四大规律所对应的客观规律及其逻辑的可靠性基础。由此发现，从根本上，形式逻辑源于实践中的客观规律，只是其实践的范围大于一般的实践，所以在四大规律都成立的可行域内，具有高度的可靠性。

第三，由于演绎体系必须从一些无法用逻辑方法证明的出发点出发，因此如果逻辑的出发点是具有实践基础的公理（如欧氏几何），则除了推导必须在可行域内且足够可靠外，形成的演绎体系的可靠性取决于公理在实践中是否可靠；如果逻辑的出发点含有一些人为的约定（如非欧几何中的部分公理）或假设（如各种科学假设），则由此形成的演绎体系的可靠性就取决于逻辑结论或预测在实践中是否有用或可靠的基础之上。

根据以上三点可知，从根本上说，实践仍然是评判真理的最终标准，只是由于形式逻辑广泛的实践基础，对于一些严格科学，可行域内的、推理严格的逻辑结论比有限范围内的实践经验更有权威性。对于尚未达到如此严格程度的科学，逻辑结论仅具有参考作用，最后还是要根据实践效果而定。例如，对于社会来说，人均寿命的横、纵向比较应该是比较科学的实践标准。当然，如果前提的可靠性足够高，又能做到细分论域使推理保持在可行域内，且推理足够严格，那么社会科学的严格化也是可能的。

最近，关于真理的标准问题再一次被学界所关注。这在本质上是关于思维、思维规律及思维结果的可靠性问题。对于思维和思维规律，国内外已经有了不少从心理学、哲学、系统工程学、人工智能等角度的研究。至于思维结果的可靠性，一方面哲学家们在不断地质疑，如古希腊的哲学家柏拉图预言人无法冲破洞穴偏见，德国哲学家戴维·休谟和康德则分别持怀疑主义和不可知论；另一方面，不同范式的科学界在进行科学研究时，又使用各自的真理标准，但各种困惑又时时干扰着人们。对于社会科学来说，人们似乎更愿意相信实践效果，对逻辑上的冲突却不太重视。

二、实践对思维结果有反馈、矫正作用

任何物种都必须具有生存和延续的竞争性，否则就会被自然选择所淘汰，不再是生命了；当生命生存和延续所依赖的环境发生变化时，生命必须根据不同的情况做出不同的反应。即使是单细胞生物，也有各种应激反应以趋利避害。人和动物的一部分反应是

直接基于感觉的本能反应：各种感觉实际上已经将外部世界做了"主观"上的分类，凡是有利于生存和延续的事物，引起的是各种"好感"，如"好吃""好闻""好听""好看""舒服"等；凡是不利于生存和延续的事物，引起的则是各种"恶感"，如"难吃""难闻""难听""难看""难受""可怕"等；与生存和延续无关的事物，感官则选择感而不觉或干脆毫无感觉。本能反应根据这种分类趋"好"避"恶"，分类的正确性则由自然选择保证。

对于主要以本能反应为生存和延续手段的较低等的动物来说，如果环境发生变化，它们进化的速度必须跟得上环境变化的速度，否则将会灭绝。对一些具有一定智力的动物，其反应还可借助于以往一些无意识或有意识获得成功的经验，这就增强了其生存和延续的竞争力。如果在本能和经验中没有现成的反应方式，或虽然有现成的方式但并没有取得满意的效果，智力更高者就会对情况进行分析后再做出新的反应，这个过程就是思维。具有思维能力的物种显然更不易被灭绝。因此，思维本质上是高智力物种的一种提高生存和延续竞争力的手段。

和其他神经活动相比，思维具有如下特点：思维需要相对较长的时间；思维的对象既包括对客观环境的认识，也包括对自身能力的认识，然后才有可能根据自身需求制订实行目标的计划。这些计划通常不唯一，可能有上、中、下策之分，且效果通常有待检验。因此，思维者还要具备判断计划的优劣，并根据其执行过程获得的反馈信息进行调整的能力，这些都需要意识的参与。

这样定义和描述思维和意识，基本上与日常生活中的思维和意识概念一致。例如，本能反应通常不需要通过复杂的意识活动，因此往往非常迅速。一些由成功的经验为基础的反应，如乒乓球运动员的击球动作也往往来不及仔细考虑而"下意识、不假思索"地进行，思维往往要分析大量与目标有关的信息，需要的时间也长得多。例如，由于人类是以人为地构筑社会合作来提高其生存和延续竞争力的，所以其难度比其他动物要高得多，也是任何其他动物都做不到的。例如，如何组织社会合作、如何进行生产、如何合理地分配合作成果，都需要大量的思维活动。一些有效或曾经有效的思维结果的积淀，则形成了包括习俗、哲学及科学在内的各种文化现象，形成了文明。

由此可见，思维的依据（即人类从感官或仪器所得到的信息）并不全面、客观。如前所述，感官并不是纯客观地接受全部的外界信息，而是根据能否对生存和延续有意义而有选择性地吸收，且在吸收过程中加入了"主观"的标签。例如，对于温度为 30 摄氏度的物体，当手的温度高于 30 摄氏度时，根据热力学第二定律，热量将从手流向物体，人们的感觉是凉的；当手的温度低于 30 摄氏度时，热量将从物体流向手，人们的感觉是温暖的。此外，正如康德所强调的那样，没有理由认为信息的加工方式（即人类的思维本身）也一定可靠。因此，人们不得不对思维结果的可靠性表示质疑。柏拉图的洞穴预言和康德的自在之物不可知论就是在这个背景下提出的。但是，他们都没有看到，人类并非为了思维而思维，而总是有某种目的的。因此，如果思维结果确实在某条件下导致了某目标的实现，那么思维结果至少是在该特定条件下对该特定目标是有效的。当然，有效性并不能保证可靠性，有可能人们依据一个并不正确的认识，同时采用了并不正确的做法，最后却误打误撞地得到了有效的结果。如果人们的实践范围有限，得到的认识也不一定普遍有效。如果看不到这一点，就可能会基于"感官是客观的"而形成各种并不全面的观点。

人们既不能无视有效性和可靠性之间的差别，也没有必要过于扩大这种差别。这是因为"歪打正着"的小概率事件不会一直发生，所以如果人们的认识是错误的，就会经常性地碰壁，从而会不断地调整认识，使其越来越趋向于可靠。随着人类实践次数及范围的不断扩大，思维的有效性和可靠性之间的差别最后将可以忽略不计。

对人类来说，借助于语言的思维习惯，显然是可以研究、学习和传承的。不过，人们未必能够，甚至也没有必要排斥某些思维习惯可能源于先天的可能性。例如，很多人没有经过任何思维学意义上的训练，也会思维；某些动物可能也有一定的思维能力；发生认识学认为，儿童对问题的解决，最初是依赖先天图式。然而，即使思维习惯和先天有关，也是自然选择的结果。在实践中，无效的先天思维习惯将被自然选择淘汰或被后天所纠正。因此，无论思维习惯源于先天或后天，思维习惯的有效性和可靠性最终都由实践的反馈和矫正来保证。

三、思维习惯是如何形成的

恩格斯认为，只要思维规律和自然规律能够被正确地认识，它们必然是互相一致的。原因在于一般情况下，若思维规律和客观规律一致，思维的效率较高，而对生命来说，没有效率，其生存和延续的竞争力就不高，甚至可能因此死亡。

然而，这似乎有一个悖论：人们用思维来发现客观规律，但思维规律又必须与客观规律一致，那么，在人的认识中，究竟是先掌握思维规律还是先掌握客观规律？该问题与先有鸡还是先有蛋是一样的。

蛋鸡悖论实际上并不存在。这是因为鸡和蛋都是从其他物种逐步进化而来，如此追溯，一直可以追溯到单细胞生物，而对单细胞生物来说，"鸡"就是"蛋"，"蛋"就是"鸡"。这就启示人们，在人的认识中，思维规律和客观规律一开始是混合在一起的，后来才发生分离。

例如，"红灯停，绿灯行"虽然是人为制定的交通规则，但一旦实行了，对路人或司机来说就是一个必须遵守的客观规律。人如果违反交通规则，就要校正自己的行为。经历一次或数次的校正后，人们通常会调整自己的思维习惯，使之与客观规律不矛盾。因此，如果人们的思维习惯与客观规律是矛盾的，实践会促使人们不断地校正，由此就产生了各种与客观规律一致的思维习惯。

随着时间的推移，越来越多的客观规律会以经验积累的方式影响人们的思维习惯。例如，根据心理学的首因效应，人们有时仅仅根据第一印象就能对一个陌生人大致做出判断，这反映了与面相有关的经验积累对思维方式的影响。受思维定式的影响，过于频繁地更换思维习惯不太现实，所以，大多数人通常只有在遇到经常出现的规律才会改变自身的思维方式。有的人能克服思维定式，将更多的客观规律吸收到其思维习惯中，这时，非单一的思维习惯已可看作思维方法甚至技巧。不过，由于每个人所处的环境不同，接触的东西也不一样，所接触到的具体客观规律不尽相同，所以，每个人的思维方法也都不一样，但其中有一些思维方法能够被公众所认可，这些公认的思维方法反映的是具有普遍意义的客观规律，也被称为思维规律，应该予以重点研究。

当人们已经获得一些有效的思维规律时，仅仅知其然而不知其所以然是不够的，而必须知道形成这些思维规律的原因，才能达到更高的认识层次，以防止不适当的误用。众所周知，逻辑思维是以概念为基础的。人们最初得到的是一些具体的概念，因此，首先要研究具体概念的产生。

如果没有形象思维能力，那么婴儿不可能区别熟人和陌生人。而把人归类为熟人和陌生人，至少必须能够根据形象的特征进行归类和记忆。婴儿的这种形象归类和记忆能力可以用于他周边的一切，从而能从形象的角度认识各种事物。事物多种多样，对于有语言能力的人类来说，为了方便交流，需要对不同的事物有不同的称呼，这就有了初步的具体概念，而每一个具体概念，如天、地、人等，都有一幅具体的形象与此对应。

四、演绎、归纳与实践的关系

（一）三种类型的公理

在可行域内，从普遍成立的事实或约定（公理）出发，借助形式逻辑，若推导绝对严格，就可以建立起可靠的理论体系。

作为演绎出发点，公理可分成三种：第一种是完全建立在实践基础上，并能被实践所广泛检验的客观规律，如欧氏几何公理；第二种是与实践无关甚至违背直觉的人为约定，如黎曼几何中的部分公理；第三种是应该建立在实践基础上，但暂时还不能被实践直接检验的客观规律，如各种科学假设。

（二）公理的不可缺少性

由于形式逻辑本身仅仅反映了最简单，但同时也是最普遍的规律，缺少任何一门具体科学所需要的公理，所以，不能奢望单单用形式逻辑可以构筑任何一门具体科学。例如，历史上罗素等人提出的逻辑主义企图用形式逻辑构筑数学，未能获得成功。不少教科书用皮亚诺定理证明只能源于经验的"1+1=2"，然而，皮亚诺语焉不详的后继数概念隐含的定义只能是：比任一个自然数大 1 的自然数，称为该自然数的后继数。显然，这里已经用到了"1+1=2""2+1=3"等经验事实，再反过来证明"1+1=2"，陷入了毫无意义的逻辑循环。这说明单单用逻辑是不可能建立具体科学的，这是纯逻辑方式的局限性。

（三）演绎体系和客观规律的关系

从公理出发，从简单到复杂，从一般到具体的演绎方法被广泛使用，其背后的客观规律又是什么？

为了保证结果的可靠性，如果暂时不考虑质子、中子和电子本身的来源，则根据现代科学知识不难得出：世界就是由质子、中子和电子组成的。既然世界都由质子、中子和电子组成，在世界中，某一事物之所以区别于其他事物，从根本来说在于且仅在于各种能量的质子、中子和电子的组成方式（以下称为结构）的不同。例如，可以用质子、中子和电子组成的结构来定义化学元素，用化学元素组成的结构来定义化合物，用化学元素和化合物组成的结构来定义更复杂的事物……

由于整个复杂的世界都是由简单的元素组成的，所以，即使对该世界进行划分，形成各门具体科学，"复杂源于简单"这一根本规律仍然不会发生变化，只是表现方式有所不同。例如，宇宙大爆炸后，世界由混沌到具体、由简单到复杂的冷却过程；几何学中，由点构成线，再由点、线构成无限多的几何图；由电阻、电容、电感等有限的电子元件组成的无限多的电路图……总之，复杂的世界都由基本的要素（这里的要素可以有层次的不同）构成，这应该就是从简单（基本要素）到复杂的演绎概念体系所对应的客观规律。

（四）归纳和抽象

不过，对人的感官来说，直接感觉到的都只是复杂世界的一些有选择的、被"主观化了的"具体性质，为了据此寻找复杂世界的起源，寻找各种相近的具体事物的共同特征，即基于归纳的抽象及其由此形成的抽象概念，是演绎法的前提。

（五）体系的可靠性和合理性

由于演绎体系必须从本身无法用逻辑方法证明的公理出发，如果这些出发点是具有实践基础的公理，即上述的第一类公理（如欧氏几何公理），由此形成的演绎体系的可靠性就建在"公理在实践中可靠"的基础之上；如果逻辑的出发点含有一些人为的约定或假设，即第二类公理（如非欧几何中的平行公理）或第三类公理（如各种科学假设），则由此形成的演绎体系的可靠性就建在由此推出的"定理在实践中有意义"或"预测能被实验证实"的基础上。无论是哪一种情形，最终都由实践所决定。例如，不以直观为基础、工具性的非欧几何可以有很多种，但黎曼几何在实践中被广泛使用，所以得到了更多的关注。

无论是演绎还是归纳，得到的概念体系未必一定唯一。有时有多种概念体系可以共存。这样，无论是演绎还是归纳，似乎都像是概念游戏，其后的客观规律究竟是否唯一？甚至是否都一定存在？包括霍金仇内的众多科学家都对此提出了疑问。

其实不同的概念体系对应的客观背景要么互不相同，要么虽然相同，但描述的视角、深度、全面性或适用范围不尽相同。例如，究竟是地球围着太阳转还是太阳围着地球转？如果从纯数学的角度看，不过是选择哪一个为参照系的问题，似乎均无不可且可以互相变换。但从指导实践的角度，用来指导人们在地球上的活动时，地心说较方便；用来指导人们对太空的观察或在太空中的活动，则显然日心说更方便。如果人的观察或活动范围更广阔，则日心说也不方便，因为太阳也围着银河系的某一个中心旋转，银河系也不是宇宙的中心……虽然对于同一个研究对象，可以有多种不同的概念体系，但在同样的适用范围和描述精度下，越是简洁明了的概念体系，通常越接近事实。这是因为对于基于扭曲事实的概念体系或模型，为了得到符合事实本来面目的结果，就必然要人为地做出各种"从歪到正"的转换，从而使得概念体系变得复杂。因此，简洁是很多科学家的追求，甚至成为一种科学审美观或思维规律。显然，模型唯实论并没有看到这一点，而认为追求简洁只不过是一种嗜好，所以对于因追求简洁而产生的概念体系的客观性表示怀疑，以至于陷入了不必要的悲观。

五、关于真理标准

（一）适用于严格科学的逻辑标准

对一些严格科学，从可靠的公理出发，在可行域内的形式逻辑往往比一些有限范围内的实践经验更有权威性。因此，逻辑性是数学、热力学等已经相对成熟的公理化学科的真理标准。能完全做到这一点，意味着一些公理只要通过严格的逻辑推理，即可建立起可靠的科学体系，其优势是显而易见的。

这一类科学对逻辑学的可靠性和推理的严格性有着特别严格的要求。由于逻辑也有不可靠的时候（如在可行域外），大量伪悖论的长期存在和计算机编程中防不胜防的故障说明人的严格思维能力实际上十分有限。因此，在这一类科学中，完全放弃实践对真理的检验作用并不理智，有些逻辑错误可能因此而长久地延续下去。

（二）其他科学的实践标准

研究对象越复杂，公理的可靠性越难以保证，公理化也就越困难。事实上，大多数自然科学都不能完全做到公理化，而且，第三种公理，即科学假设的正确与否，也要用实证方法来检验，所以，实践的重要性不言而喻。

至于社会科学，由于其研究对象更为复杂，要得到绝对可靠的公理比较困难，推理也不一定能保证在可行域内，这时逻辑标准仅具有参考作用，最后还是要以实践效果而定。例如，对于社会发展来说，人均寿命的横、纵向比较应该是比较科学的实践标准。

因此，如果人们希望社会科学也能用到逻辑标准，就必须保证前提高度可靠、推理严格，且始终在可行域内。为此，必须找出各个可行域的界限来对论域进行细分。用这种方法，社会科学也是可以严格化的。

（三）两种标准的内在联系

由于逻辑本身也源于从实践中得到的客观规律，所以从根本上说，评判真理的最终标准仍然是实践。而逻辑标准，实际上只是实践标准在严格科学中的一种间接应用，之所以具有权威性，也仅仅是因为逻辑规律具有更广泛的实践基础。

然而长期以来，在经济学界，不管是理论研究还是应用研究领域，对于方法论的忽略似乎是一个普遍的现象。在改革开放之后的很长一段时间里，西方主流经济学几乎是人们唯一的理论依据，而对这样的理论，人们基本没有判断能力，是以膜拜的心态来全盘接受的。以至于人们不得不在没有独立理论准备的情况下迎接一系列重大挑战，并且经常为解决燃眉之急，匆忙将并不熟悉的理论工具运用于重大决策之中，而对这些理论工具的假设条件、适用范围及本身的局限却又无暇顾及。这很像是一个没有受过专业训练的士兵，被迫参加一场决定生死的战斗一样，错失良机与频频失误是在所难免的。忽视基础理论研究，让人们不得不付出一系列沉重的代价。

中华民族要到达民族复兴的彼岸，眼下首先要解决的是桥梁或船只的问题，这就涉及设计理念与设计方法的深层次考量，仅靠简单模仿已经远远不能满足发展的需要了。此外，人们曾经奉为金科玉律的主流经济学，也在实践中遇到了巨大的困境。波及全球的金融危机，再一次打破了主流经济学关于"市场可以自动趋向于均衡"的神话，随后爆发的主权债务危机，给政府应对危机的方式和政府在经济生活中的职能提出了一系列新的课题。

第五章　经济发展视域下的经济学思维研究

第一节　基于经济学思维的发展水平差异

在当今世界的很多地方，经济发展水平的显著差异令人震惊，一些以偏概全，常常又是戏剧性的理论宣称可以解释这种差别。纵观历史，这种巨大的经济差异其实非常普遍。在古代，中国远比欧洲发达，当时欧洲人对中国的丝绸、瓷器和其他产品的需求很大。欧洲很少甚至没有类似可供消费的产品，于是只能用黄金来支付从中国购买产品的费用。而在欧洲内部，差距也同样明显。

古代希腊有很多不朽的建筑，这种建筑至今仍被模仿，那里还诞生了柏拉图和亚里士多德这样伟大的思想家。但在当时的北欧地区，普通人基本目不识丁。而当罗马人在公元 1 世纪入侵不列颠时，不列颠群岛甚至都没有一座建筑物，也没有任何不列颠人的名字能被载入史册。几个世纪以来，包括艺术、科学、文学和经济发展等各领域的世界领先者不断变化。这表明虽然人的发展潜力是平等的，但从有记载的历史来看，关于发展成就的平等却从未出现过。

长期以来，经济发展的差距极为普遍，有些社会在某个特定时期内相较于其他社会的特定优势，并不能永久地保持下去。更重要的是，一个社会所取得的进步通常会扩散到其他社会。中东的农业发展——也可能是人类历史上最重要的一次经济发展——自萌芽之日起就在向外扩散，最早受惠于此的周边地区还包括地中海东部的国家。

一个社会不可能一直在所有方面都保持领先，因此即便是在同一时期，各地区也有着不同的优势。例如，全世界通用的数字系统是由印度人在十几个世纪前创造出来的，它逐渐取代了西方的罗马数字和所有其他国家的数字表示方法。因为欧洲人在阿拉伯人使用这些数字时发现了这种数字系统，所以称之为"阿拉伯数字"。

几千年以来，一种文化学习其他文化之所长的现象几乎从未间断。然而，在世界不同地区和不同时期，文化间相互借鉴的速度和可能性存在很大的差异。有些人生活在偏远的山谷地区或与世隔绝的岛屿上，他们通常无法紧跟其他社会的科技发展步伐。15世纪，西班牙人发现了加那利群岛，岛上住着处于石器时代的高加索人。不列颠人发现澳大利亚的土著部落时，那里情况也同样如此。这两个例子表明，与世隔离就意味着无法分享世界上其他人所取得的进步。

技术和自然资源显然都是经济发展的重要因素，而有些因素则不那么明显，但它们可能与技术和自然资源同等重要，甚至更为重要，此时政府的作用就十分关键。公元5世纪，罗马帝国瓦解之后，它的治理机制也随之崩溃。罗马帝国曾在其统治范围内建立起相互联系的经济和司法体系，影响范围从不列颠群岛一直延伸到北非。帝国瓦解之后，这些地区逐步分裂成一些彼此独立的司法管辖区。这些规模各异的区域缺乏政府的有效控制，旅行和贸易也变得不再安全。随着贸易的衰落，专业化分工所带来的优势也荡然无存，城市不再繁荣，道路年久失修，教育机构不断衰败或完全关闭，司法和秩序也分崩离析了。据估计，一直到罗马帝国瓦解后 1 000 年，欧洲的生活水平才逐步提高并恢复到罗马帝国时期的水平。因此，是否存在一个有效的政府，是决定经济发展还是滞后的主要因素之一。

在广袤的土地上建立起法律和秩序，不仅能帮助生产商找到广阔的市场，获得大规模生产带来的经济效益，还鼓励了经济中的个体和产品流动到最需要它们的地方。政府对经济发展的影响还体现在它可以提供并保护产权。在很多第三世界国家，尽管存在产权，但是大部分人其实无法真正获得它。在其中一些国家，大部分的经济活动都发生于统计体系之外的地下经济。例如，埃及和秘鲁的大多数住房都是非法修建的，或是因为大量的限制性措施阻碍了住房的合法修建，或是因为合法修建住房所需的成本超过了普通民众所能承担的范围。在埃及，非法修建的住房多达 470 万套，而要想在国有的荒漠土地上合法登记，需要在 31 个部门完成 77 道行政手续，完成所有这些手续可能需要花费 5 年甚至更长时间。在海地，要想获得房屋产权需要耗费 19 年。

在这种情况下，一个国家的总财富中并没有多少财富能够受到产权保障。据估计，秘鲁合法体系之外的房地产（没有产权的房产）的总价值比该国历史上所有外资总额的 12 倍还多。即使是在海地，非法房地产资产总价值约为该国所有合法经营业务价值的 4 倍左右，是政府资产价值的 9 倍之多，比海地国家历史上所有外资总额的 150 倍还多。在所有的第三世界国家，国民非法拥有的房地产价值总额估计比 30 年内这些国家所获得的外国援助资金总额的 90 倍还多。

这种现象的经济意义在于，总额巨大但在法律上不被承认的资产，并不能像在工业发达国家中那样促进经济发展。很多美国人用住房、农场或其他房地产作为抵押物去申请贷款，获得初始资本后再创业，有些后来逐步发展成为大型企业。但如果一位埃及人、秘鲁人，或其他第三世界国家的人也想去创业，他们无法用这些不被国家认可的财产来获得贷款。银行和其他金融机构会避免贷款给那些用没有所有权，或所有权不明晰的资产来做抵押的企业主，因为一旦发生违约，这些资产并不能被收回抵债。贷款方必须考虑第一阶段之后可能发生的情况，他们不仅要确定收回贷款的前景如何，还必须搞清楚贷款违约后自己的追索权是什么。如果一个国家的法律系统难以建立产权，它就会使资产冻结，该国的经济发展因此也就难以实现。

在第三世界国家中，很多经济资产都缺乏产权保障，房地产只是其中之一。在很多这样的国家，未获得许可的公共汽车和出租车承担了大部分的公共交通功能；大部分在市场和街边出售食物的小摊贩也没有获得政府批准。英国某杂志报道："在一个典型的非洲国家中，只有不到十分之一的人居住在正式的住房（即有产权的房子）里，只有十分之一的工人拥有正式的工作。"虽然在没有产权的情况下，这些经济活动仍然可以继续，但这些资产不能像在美国和其他西欧工业国那样用来创业或进行风险投资。从法律的角度看，这些资产实质上并不存在，这也就意味着人们很难用这些资产来实现经济发展。

那些目光短浅的人通常认为产权制度只对那些富裕的、拥有大量财产的人有益。这种观点忽视了产权在一连串的经济事件中所起的关键性作用，而这种作用可以让没有财产的人为自己和整个社会创造财富。这就意味着有些第三世界国家如果能使本国人民更容易地获得产权，由此产生的资金将比这些国家获得的外国援助资金总额的 10 倍还多。而且，外国援助资金基本被政治精英牢牢控制，而上述新增资金却掌握在数百万的普通人手中。总之，尽管人们通常认为产权制度只对那些财力雄厚的富人重要，但实际上，在法律层面对资产进行认可，对那些生活在贫穷国家的穷人来说也很重要。数以百万计的第三世界国家人民已经证明他们有能力创造巨大的财富，但混乱的法律体系却无法将这些财富方便地转变为合法财产，用于经济的进一步扩张和发展。

在容易获得产权的国家，产权使人们可以将实物资产转化为金融资产，人们可以用这些金融资产以个人或与别人合伙的方式创造更多的财富。产权使彼此陌生的人能够合作，例如，有些规模庞大的经营活动，凭借个人之力根本难以完成，只能通过企业来实现，而企业可以调动和使用几千人，甚至几百万人的财富，但这些人彼此可能互不相识。此外，产权还可以激励人们监督与自己相关的经济活动。总之，在一个价格能发挥市场配置功能的经济结构中，产权是必不可少的组成要素之一，没有它，经济就无法有效运转。这就意味着如果经济无法有效运转，身处其中的所有人，不仅仅是财产所有者，都无法成功。

第二节　　基于经济学思维的人口条件分析

当今世界上，贫困的人群有时存在于人口稀少的地区，很明显，在人口稀少的地区，电力供给、污水排放和医疗服务的成本非常高，以至于许多居民不能享受到这些服务保障。

从根本上说，地球所能承受的人口一定存在着极限。即便如此，人们并不知晓距离这种极限有多近，也不确定如果选择其他方案结果会怎样。例如，一辆汽车的行驶速度是存在极限的，但人们可能驾驶多年都没有达到该车极限速度的一半，因为无论是在城市中还是在高速公路上，出于安全考虑，人们会严格限制车速。约翰·斯图尔特·密尔在年轻时就发现，只使用音阶中的八个音符，所能创作出的音乐是有限的。那时候，约翰尼斯·勃拉姆斯和彼得·伊里奇·柴可夫斯基都还没有出生，爵士乐也没有出现，更不要说一个多世纪之后才出现的摇滚乐。因此，极限本身并不能告诉人们任何关于实际问题的有用信息。

如果人们正在不断接近极限，那么无须公众敦促和政治限制，食品、自然资源和其他生活必需品不断提高的价格也会迫使人们做出改变。事实上，政策总是反复无常，效果也常常适得其反。例如，加利福尼亚州政府部门一边限制普通民众用水，另一边却以低于成本的价格向农民供水。这些农民需要政府用昂贵的灌溉项目，为加利福尼亚州沙漠上耗水量巨大的农作物提供水源，但这些农作物更适合种植在雨水丰沛的地区，依靠云层免费提供的大量降水生长。尽管供水成本对于加利福尼亚州政府（或纳税人）很高，但对于农民而言，成本其实很低，他们会像在水源充裕地区那样大量用水。

有时，食物短缺和饥荒也会被用来证明人口规模已经超过食物的供应能力。但在现代历史上，饥荒几乎都是地区问题，如果粮食歉收且难以及时运送到居民手上，居民免不了会因营养不良引起的疾病去世。

在一些非常贫穷的国家，道路和其他基础设施的建设不足，紧急情况发生时无法运送大量食物给分散于各地的居民。很多时候，贫穷国家和富裕国家都会因人为失误、故意行为或军事行动而忍受饥荒，这些行动摧毁了整个粮食分配体系。

"人口过剩"理论不能完全通过实证的检验，也不需要被验证。这种理论流行了两个多世纪，尽管越来越多的证据表明它是错误的。托马斯·罗伯特·马尔萨斯曾预测，人口数量的增长会导致生活水平的下降。但在托马斯·罗伯特·马尔萨斯的有生之年，就已经出现了大量的反例——在人口数量增加的同时，人民生活水平也可以有所提高。而且自那之后，这样的情况成了常态。尽管世界上还会不时出现战争、自然灾害及其他造成地区食物供应中断的事件，但这种情况比几个世纪之前要少得多，而那时的人口数量仅为现在的几分之一。

即使是印度这样极度贫穷的国家，其人口规模仍然远远少于土地承载的极限。20世纪的一项研究发现：印度有一半的人口都生活在该国可使用土地面积中不足 1/4 的范围内，而 1/3 的人口则集中聚居在不到其总面积 6%的范围内。印度尚有广阔的土地几乎荒无人烟。

在几个世纪之前，东欧也曾面临类似的情况。一些西欧观察者发现，东欧有大量无主土地，土壤肥沃，人口密度比西欧低，然而人民却更贫穷。在这种情况下，东欧的很多统治者就会招募西欧的农民来到自己的国土，甚至允许他们在新的定居地继续执行他们自己的法律。很明显东欧部分地区的贫穷与"人口过剩"无关。

第三节 基于经济学思维的投资条件分析

到目前为止,人们一直在讨论国家或地区内部促进或阻碍经济发展的因素,此外,也有很多地方的经济发展受益于外国投资者的资金、技术和技能。

一、私人投资

尽管英国引领全世界步入了工业革命时代,但在几个世纪之前,英国还是西欧诸国中技术较为落后的国家。移民的大量涌入给不列颠群岛带来了宝贵的工业、商业和金融技能,通常这些移民都是受到迫害而出逃的难民,也有人是为了获得更多的自由或经济机会。这些移民中包括帮助英国建立起制表业的胡格诺派教徒、为英国制造出第一台钢琴的德国人、一度主导伦敦金融市场的伦巴第人和犹太人。英国法律体系的可靠和公正也吸引了欧洲大陆的投资。而这些移民和投资不仅帮助英国发展了经济,也改变了英国的人民。到了 19 世纪,英国在工业、商业和金融等领域都已经领先全球。从资本净差额来看,英国已不再是资本的输入国,而是资本的输出国。19 世纪末 20 世纪初,全球范围内大约一半的国际投资都源自伦敦。第一次世界大战爆发前的几年中,英国已将其资本的一半以上投资于海外。

同样,美国也依靠欧洲移民完成了从以农业为主的国家到工业大国的转型。大批的欧洲移民给美国带来了技能和技术等,大量的外商投资帮助美国在 19 世纪建立起运河通道、铁路等基础设施。而且,直到 21 世纪,美国一直是全球主要的外商投资流入国。美国并不是唯一因海外投资而获益的国家,在第一次世界大战爆发前夕,澳大利亚经济中约有 1/5 的资产为外国投资者所有,而阿根廷的资产比例则高达一半。

但这并不意味着以上几个国家都在被动地依赖外国投资者。这些国家内部的经济环境是外国投资者是否愿意投入大量资金的关键。当地经济还必须投入能配合外商的资本,如辅以必要的自然资源、劳动力、技术和基础设施等。各国在这些方面的差异也会导致外商投资选择进入不同的国家。

土生土长的本地人如何对待那些掌握他们所不具备的技能的外国人,也是一个重要因素。例如，在 19 世纪，日本人欢迎且招募那些具有专业技能和经验的外国人来日本，帮助他们实现工业化，同时，他们也将本国的年轻人送到先进的工业化国家去学习。日本从 19 世纪一个贫穷落后的国家一跃成为 20 世纪全世界先进和繁荣的国家只是一个特例，而并非常态。

总之，阻碍贫穷国家经济发展的，并不只是资金或人力的匮乏，还有那些对资金和人力起抑制作用的活动。有时这些抑制只是一种政治表达，它反映了本国人民对外国人的敌视，或对在工业和商业上比本地人更先进的少数族裔的压制。有时，一些地区对外国资本的排斥只是基于意识形态。拒绝和压制外国资金和人力的投入对一国造成的损失究竟有多大，可以从中国和印度的发展历程中窥见一斑，这两个国家都在 20 世纪末期取消了这种政策，并实现了惊人的经济增长。限制性政策大幅减少后，中国和印度的经济都开始快速发展，数千万人由此摆脱了贫困。

二、外国援助

海外资金和人力的流入还有另外一种渠道——富裕国家或国际机构将财富和资本转移给贫穷国家的政府，但这种方式效果并不好。尽管这种资金转移被称为"外国援助"，但这样做究竟能否帮助这些贫穷国家摆脱贫困，以何种程度帮助这些贫穷国家摆脱贫困，仍是悬而未决的问题。尽管大部分私人资本会选择投向富裕国家而非贫穷国家，但进入第三世界国家的私人资本仍是外国援助的几倍。事实上，第三世界国家侨居在外的民众每年汇回的资金就已超过了全球外国援助总额。

大量接受外国援助并不能提高贫穷国家的人均产出水平和生活水平，韩国也恰恰是在美国开始大幅削减援助资金之后才开始迅速发展的，从极度贫困的状态一跃跻身于世界较发达国家之列。1960 年时，韩国的人均收入水平还不及海地。20 世纪 50 年代，美国一直为韩国提供大量援助，总规模甚至高达韩国总产出的 10%，但这并没有改变韩国的状况。援助在 1957 年到达顶峰。在 20 世纪 60 年代初，韩国已经不能维持国内极低的投资水平。然而，外国援助资金取消后，20 世纪 60 年代中期，韩国依靠自己实现了经济的增长，增长率达到史无前例的两位数。到了 20 世纪 80 年代中期，韩国已经奠定了中等偏上收入国家的地位。

上述这些却与一部分专家关于发展的普遍观点相左。1951 年，美国的共识是，像韩国这样的东亚国家很可能没有发展的希望，而印度和非洲则能很快摆脱贫困。这种观点在学术界获得了广泛的认同，大量学者都在研究印度的经济发展模式。时间不断流逝，研究者痛苦地发现自己的预测错了。印度的发展速度仍然很慢，而很多撒哈拉以南的非洲国家甚至在实现独立几十年后依然贫困。这些专家不仅预测错了哪些国家会走出贫困，更重要的是，他们关于第三世界国家贫困的根源和解决方法的理论也是错误的。

如果是帝国主义和工业化国家的压迫导致了第三世界的贫困，那么显然，取得独立能够提升人民生活水平和经济增长率。如果拉丁美洲的经济落后于其他西方国家的原因在于它们对外国投资者的依赖，那么拒绝外方投资并依靠国内发展就是一种明显的补救措施，而拉丁美洲的一些国家和韩国都采取了这种做法。这些国家都推出了限制对外贸易和外商投资的政策，以及旨在用国产产品取代进口产品的政策。那些能向世界市场开放本国经济并不断放松国内的经济管制的国家，经济增长速度都有所提升。印度和中国都在放松市场管制之后实现了经济的快速增长，而在此之前，两国的经济发展都受到了对内和对外管制的限制。

第四节　经济发展中的经济学思维启示

很多理论试图解释各国经济发展水平的巨大差异，一些颇为流行的解释其实经不起推敲。"人口过剩"理论单从定义来看就站不住脚，更不要提实证检验了。大部分"剥削"理论也是如此。自然资源似乎是决定一国繁荣还是贫穷的一个重要因素，但有很多高收入国家的自然资源非常贫瘠（如瑞士和日本），也有很多低收入国家（如智利和南非）的资源十分丰富。技术固然重要，但很多技术从先进的工业化国家转移到撒哈拉以南的非洲之后，由于缺乏技能、经验，甚至是必要的维护等补充因素，这些技术并没有被转化为经济生产力。

换个角度看，经济较不发达的国家可以"跳过"发达国家的一些发展阶段，直接到达目前的技术水平。例如，大部分现代工业化国家都曾经历过投入巨资铺设有线电话线路的阶段，而极端贫穷而又人口稀少的国家，根本无法承担铺设线路的高昂人均成本。

20 世纪末期，移动电话的发展让非洲人不用大规模投资于基础设施就能享受通话服务。在 2008 年，某杂志报道称："在非洲，连那些生活在泥棚屋的人都会使用手机来支付，或寻找价格最合适的市场。"

在所有经济因素中，地理条件即使不是最重要的，也绝对是一个主要因素，它促进或限制了特定地区的人对他人的学习和借鉴。如前所述，欧洲人第一次穿越大西洋来到西半球时，他们之所以能够在茫茫大海中确定航线，靠的就是欧洲之外的天文学、指南针和计数系统。对于受地理限制而无法从外部吸取知识的人而言，这是过于艰巨的任务。那些因地理阻碍无法与大多数族群发生联系的民族，跟不上那些能够学习多种文化的民族的脚步。狭隘、闭塞的文化也常常与经济贫困相伴。

过去几个世纪发生的交通变革，使世界范围内大规模的人口迁移成为可能。于是，某种文化的人群可以移居到另一个完全不同的文化环境中，与其他有着不同文化背景的人共同生活。最引人注目的例子或许就是欧洲人迁往西半球；曾经有一段时间，生活在斐济的印度人甚至比斐济的原住民还多；中世纪时，欧洲斯拉夫城市中日耳曼人的数量比斯拉夫人还要多，尽管在城市周边的乡村地区，斯拉夫人的数量占据着绝对性的优势。

有些文化幸运地接触到了多种外来文化，也意味着它们可能遭遇文化的对抗，这取决于该文化所处的地理位置、地理条件和历史影响，以及这种文化对其他文化的接受或抵制程度。例如，西班牙和被其征服的西半球国家所秉承的文化习俗，同英国及其统治的西半球国家迥然相异。随着历史的发展，政治和军事事件也会对文化的交流和对抗产生影响。总之，特定时段内，不同人群的文化存在很大的差异，随着时间的推移，这种差异有时也会发生变化。

如前所述，20 世纪初阿根廷曾是全世界非常富裕的国家之一，但在 20 世纪末，阿根廷因一次可怕的经济危机而导致经济衰退。几年之后，阿根廷和很多其他拉丁美洲国家改变了经济和政治政策，重新恢复了稳健的经济增长，数百万人由此摆脱了贫困。一项研究发现，2002 年到 2006 年，整个拉丁美洲有大约 1 500 万个家庭脱贫。也有一些人仍在贫困的泥潭中挣扎，更有甚者，经济状况每况愈下。与个人相同，并非所有的国家都拥有相同的发展机遇或同等程度地利用它们所拥有的机遇。

大量相互关联的因素共同影响着经济发展，因此要让世界所有地区发展程度相同，以至于生活水平相同，是一项不可能实现的任务。各国经济之间的巨大差异会使人困惑、焦虑及不满，人们需要一个解释，却没有花费数年来研究这些差距背后的历史、地理和经济因素。人们只需要一个简单的、能在情绪上获得满足的解释，尤其是那些带有意识形态烙印的夸张解释，如"剥削"理论。

"剥削"理论认为，一部分人的财富是以其他人陷入贫穷为代价获得的，无论是在国家间还是在一国内部不同的阶级之间。然而可悲的是，那些认为自身受到剥削的群体其实根本没有什么可以被剥削，很多被称为"无产者"的人从来就没有拥有过像样的财富。而且，"剥削者"的实际行为根本与剥削沾不上边，他们更愿意与有钱人打交道，希望从中赚到更多的钱。因此，美国大部分的国际贸易和投资都是面向高收入国家的，如西欧和亚洲较为富裕的国家，包括日本和新加坡等；只有一小部分流向非洲国家、亚洲贫穷国家和中东地区。相反，美国自身正是外国投资者青睐的最大投资接受国。与之类似，在美国境内，资本家更乐于在中产或富人社区开展业务，而不是在破败的贫民区或贫困的印第安保留区。

在特定的历史时期和特定的地点，征服者确实从被征服民族手中掠夺了大量的财富，但实际问题在于国家之间和人民之间的经济差异又有多少可以用该因素来解释呢？例如，西班牙曾从西半球被其征服的土地和原住民那里掠夺了大量的黄金和白银，这些被征服的群体因此付出了巨大的经济和人力代价。但这些财富很快就被花光——从其他国家进口商品而不是发展自身。相反，德国在历史上一直缺乏能为其带来实质性经济收益的殖民地，却成为欧洲非常富裕的国家之一。瑞士和瑞典同样没有任何殖民地，但这两个国家都是欧洲乃至世界非常富裕的国家。

在亚洲，日本在20世纪开始雄心勃勃地发动战争，残酷无情地剥削着被征服的亚洲人民，此外，日本还以缺乏自然资源为由，使其行为正当化。第二次世界大战战败后，日本失去了所有的殖民地和侵占的土地，而这并未影响日本经济从战争的毁灭打击中复苏，经济水平也上升到了全新的高度。

"剥削"理论有时建立在一系列假设的基础上，有些人群（如第三世界的人民）是无知和单纯的，而外来者则非常狡猾且不择手段，他们向当地人支付的金额要低于这些商品在国际市场上的真实价值，从而攫取高额利润。很明显，对于没有见过的东西，每个人都是无知的，而居住在与世隔绝地区的人们可能会为这些没见过的东西付出任何价格。但是问题在于，这种情况会持续多长时间？更具体地说，持续的时间能久到足以解释几个世纪以来一直存在的国际收入和财富差距吗？一位观察者写过关于西非的报道，其中称由于竞争日盛，外国商人无法再用便宜的彩色衣服和刀具换取黄金和象牙了，所以"贸易利润都消失了"。只要对基本经济原理略有了解，就能知道这样的结果早晚会出现。未来数年里可能还会有人会不厌其烦地重复这种陈词滥调，但现在这种解释所展示的唯一"剥削"是鼓吹者对于轻信者的"剥削"，后者会相信这种观点确实能够解释国际经济的差距。

很多理论都是从外部因素出发去探究人与人之间，乃至国与国之间的收入和财富差距，"剥削"理论只是其中的一个。严格的"地理决定论"也是如此，它认为差距仅仅源于某地存在或缺乏宝贵的自然资源、有利的气候及肥沃的土壤等。而另一类解释则着眼于内部因素，包括不同人群所秉承的文化习俗。尽管从历史的角度看，文化也受到了地理条件的影响，但无论这些文化如何形成，无论地理条件、历史进程或政治对其有着怎样的影响，它都是特定时间、特定地区的人们的生存方式，人们可以从中窥见文化所投射的长期影响。正如一位著名的历史学家所言："我们不是生活在过去，但过去一直与我们同在。"每个社会、民族或其他群体，以及每个国家都拥有不同的过去，因此目前的情况千差万别，未来的发展前景也不尽相同。例如，那些很少为女性提供与男性同等教育机会的文化，会失去近一半人口的发展潜力；普及书籍和计算机，并吸引更多人对此感兴趣的文化，会比其他文化更好地激发人的自然天赋，为这些天赋的发展创造出更多的机会。不同人群和国家间的人口差异也是影响经济发展的重要内部因素。平均年龄低于 20 岁的国家（如也门和阿富汗），其人力资本，包括技能、经验和教育等很难积累起来，而且会比那些平均年龄在 40 岁左右的国家（如德国和意大利）低很多。

无论用内部因素还是用外部因素来解释经济差距，都远非学术研究的门户之争。这些不同的解释为探究经济发展差距指出了截然不同的方向。例如，"剥削"理论指出，只要从剥削者的压迫下获得自由，或至少拒绝与其进行交易，就能够在未来实现比过去更好的发展。而"文化主因论"认为，应该让落后地区更多地接触成功的文化，并在某些方面借鉴其精髓。用外部因素来解释一般更容易让人接受，且更具政治吸引力，因为用内部因素分析听起来像在"责备受影响者"。但是对特定时期的特定人群究竟应该采用哪种解释则是一个完全不同的问题。

各国间的经济发展差距不可能仅由单一种因素决定，而且任何一种因素的相对影响都不可能长时间保持不变。很多地理因素都对不同民族的经济发展机会产生了重要的影响，而经济发展同样也会对地理条件所发挥的作用产生影响。铁路和卡车的出现，为那些缺乏可通航河流的地区提供了低成本的交通。在铁路取代了高成本的人力搬运后，这些地区诸如可可、棉花等商品的生产和销售开始繁荣发展；在隧道挖掘和爆破技术发明之后，群山峻岭也没有那么令人望而却步了；当飞机可以飞越连绵的山脉，距离的影响又进一步缩小了。便携式收音机和手机使很多与世隔绝的地区实现了人与人之间的远距离交流，而互联网则使全世界的所有人都能彼此交流。总之，经济发展削弱了地理因素的影响，而在过去，它在促进或阻碍经济发展的过程中发挥了重要的作用。

第六章　风险视域下的经济学思维研究

第一节　基于经济学思维的风险机构分析

家庭、保险公司、生意合伙人、大宗商品的投机者，以及股票和债券的发行者都在从事降低和转移风险的活动。他们都面临同一个问题，即降低现有的风险会使受保护的个人愿意承担更多的风险。如果，某个势力非常强大，在其声名的庇护下，成员在面对外人时就会咄咄逼人。以美国为例，中世纪时，农民不愿在强盗、掠夺者环伺的地方耕作，除非有武装贵族为他们提供保护，而这种保护的代价则是上交一部分产品。下面将以美国为例，展开相关论述：

一、政府机构

政府机构的动机，与家庭或保险公司完全不同。家庭或保险公司为了保障自己的财务状况，一定会想尽办法阻止高风险行为。但对于政府机构来说，由于使用的是纳税者的钱，他们并不急于阻止人们承担更高的风险，而这些人之所以敢于承担更高的风险，就是因为得到了保障。此外，政府机构正是通过帮助而不是批评那些因风险而受损的人来获得政治支持的。正因如此，一些政府机构会制订应急方案，看似帮助遭遇洪灾、地震及其他自然灾害侵袭的群众，实则让人们把住房重建在原来的位置，重建在多年来不断发生自然灾难的地区。

与之类似，为了对抗艾滋病，政府用纳税人的钱来开发药品、提供医疗服务，而这样做反而会导致艾滋病的危险行为死灰复燃。有位关注交通问题的研究员发现政府在给司机发放驾驶执照时，很少强调减少风险。在各地的机动车管理局，只要来申请驾驶执照的人没有严重的视力障碍，并能通过关于驾驶知识的多项选择题考试和最低要求的路考，他们就能得到驾驶执照。工作人员的责任仅限于此，一致认为司机上路后出现的一切问题与自身无关。

在目前的制度下，私人保险公司几乎没有动力去阻止人们购买等级不够的保险，因为保险公司向投保额很低的司机支付的赔付额设有上限，而没上保险的司机所造成的损失，要么由司机自己承担，要么由受影响者承担。换句话说，政府官员在处理风险问题时，不仅没有动力去降低风险，他们遵循的法律还有可能削弱私人保险公司降低风险的动力。比如，保险公司需要对缴纳保费过低的司机所造成的伤亡进行赔付，而政府会为保险公司的赔付规定一个上限。在亚利桑那州，对于造成单人死亡的车祸，保险公司的理赔上限为 15 000 美元；如果是多人死亡，赔偿的最高限额为 30 000 美元。据估计，单人死亡要求的赔偿额一般在 1 000 000 美元以上，单靠保险赔付完全不够。如果肇事司机有钱，他就有责任将保险未覆盖的部分赔偿给受影响者；但如果肇事司机没钱，损失就无法得到补偿。

如果政府并没有为私有保险公司的财务责任设定限额，这些公司的决策者就会制定比法律更加严格的安全保障要求。例如，迪士尼乐园不允许没有达到一定身高的小朋友或孕妇乘坐某些游乐设施，而法律允许他们乘坐。

如果政府对取得驾驶证的门槛提出更严格的安全要求，毫无疑问将会遭遇很多政治阻力。尤其是老年人，他们是投票人口的重要组成部分。在有些州，老年驾驶者无须接受任何实际道路驾驶技能考试，就能更新自己的驾驶证。但众所周知，随着年龄的增长，老年人的视力、听力和反应能力都会减弱，出现眩晕、心脏病和其他健康问题的可能性会上升，而这些都将增大司机给自己或他人造成危险的隐患。

年轻人（尤其是男性）发生致命交通事故的概率通常很高，这一概率会随着年龄的增长而逐渐减低，某个年龄之后，这一概率又会提高。而高龄司机发生致命交通事故的概率和年轻人基本相当。

同老年驾驶者相比，青少年出事的重要原因之一是鲁莽驾驶；对于谨慎但上了年纪的驾驶者来说，身体机能的衰退也会造成很多危险。尽管高龄司机会失控撞倒行人或撞入路边的建筑，但很少有政客会提议让超过一定年龄的高龄司机接受身体机能测试，因为政客不愿因此激怒老年群体而失去选票。其实，若以驾驶风险作为衡量标准，25 岁的司机通过考试，并不是让 75 岁的司机还能更新驾驶执照的充分理由。可在现实中，政治风险才是衡量标准。

政治方面的考量会对政府处理金融和实体经济风险的方式产生影响。当政府面临破产、无法偿还债务等情况，从而危及银行及其他国家投资者的利益时，如果国内和国际机构准备施以援手，这种救援预期就会鼓励私营金融机构在这些国家投资。不时要求"重组"政府债务和"豁免"第三世界国家的债务，鼓励本来就已负债累累的政府继续增加负债；如果政府意识到必须偿还债务，或是宣布破产，令自己在未来数年内难以获得新贷款，政府就不会借这么多。一旦爆发国际性金融危机，尤其是在贫穷国家也被卷入时，只考虑短期影响的人希望能先帮助那些更不幸的人，而这样做其实忽视了长远的后果。

既然风险不可避免，那么对风险的容忍度有多大的问题，就转化为成本孰大孰小的问题。但是人们并没有这样做，尤其是在决策者不用为其决定买单，也不会考虑长期后果时。例如，若有一定数量的儿童在某个儿童游乐场中不幸受伤，人们就可能将原因归于游乐场里的秋千、跷跷板或其他设施，并把它们撤走，而游乐场的管理人员也可能被起诉。然而，如果人们因为诉讼或害怕诉讼就将危险设施撤走，或将游乐场关闭，孩子们也不会因此而变得更加安全。假设在游乐场上玩耍的孩子中，有些孩子会受到严重伤害，那么待在家里的孩子，也可能会受到同样严重伤害。既然没有哪个地方是百分之百安全的，也没有人百分之百是安全的，唯一有意义的问题应该是相较之下，某一处比另一处更安全的关键是什么，以及为了提高安全性，人们需要花费多少。

人们自然希望所有地方都尽可能地安全，但现实是当他们必须支付相应的成本时，就没有人愿意这样做了。例如，人们愿意花钱为自己的车装上刹车，在第一套刹车失灵时，第二套刹车会保障人们的安全，即使提升安全的幅度可能不大。然而，给汽车装上更多的备用刹车需要更高的成本，但是风险降低的幅度却很有限，所以大部分人在汽车的安全系数达到某个水平之后，就拒绝为了降低很少的风险花更多的钱。

上面这种做法隐含的假设是将零风险作为评判特定风险的标准。如果人们在一开始就明白必须在各种风险之间进行比较，而不是以零风险或某个任意值为标准，判断哪些风险"可接受"和哪些风险"不可接受"，实际风险就不会这么大。

二、所有权共享

相较于现在，过去的沉船风险更大，投资者为了保护自身权益，一般持有多艘船的股份，而不是只投资一艘船。与之类似，在现代公司制度下，个人投资者可以通过同时持有多家公司的股票，而不是只投资某一家公司来分散风险。然而，持有自己所在公司股票的雇员就无法通过分散风险获得收益，因为他们的工作和投资都有赖于同一家公司的命运。2002 年，美国频繁爆发公司欺诈丑闻时，对于那些就职于陷入破产危机公司的职员来说，不分散风险的后果是灾难性的。

除了持有不同公司的股份，员工也会联合起来共担风险，以此来降低单人所面临的风险。于是在某些职业或行业的员工之间，或是居住在某个地区的邻里之间，联合起来降低风险的互助协会就应运而生了。成员需要向共同基金投入一小笔资金，当有人因病致困或者因伤致残时，基金会可以帮助支付相关费用，减轻他们的经济压力。这种方式可以将人们故意从事更危险行为的可能性降至最低：首先，想要以身试险的人会忌惮可能面临的伤害和死亡；其次，相比较于那些大型保险或政府机构，互助协会中的成员能更好地互相监督。

三、安全运动

近年来，一种应对风险的新机构逐渐兴起。与以往的机构完全不同，这些私营组织通过宣传、诉讼或推动政府监管等方式来提高安全标准。参与者包括"公益"律师事务所、思想和运动组织（如公共利益科学中心），以及政府机构（如美国国家公路交通安全管理局）。这些机构并不会像互助协会或保险公司那样直接收取服务费，他们需要通过法律诉讼、捐赠或税收优惠等途径筹集资金来维持机构的运转。换句话说，他们唯一能够赚钱的产品或服务就是制造"忧虑"。

汽车安全是一个由第三方机构做出决定的典型案例，而这些机构的钱和权力都源自制造恐惧。第三方机构在某些方面与面临风险的人自己做出选择，并承担成本的方式完全相反。这些第三方机构通常并不关注以多大成本降低多少风险（但这个问题非常关键），他们也不会对不同的风险进行比较。相反，他们关注的主题在于哪些东西"不安全"，并要让其变得安全。他们的论点是：现有风险表明了目前的安全保障措施不够，或负责控制风险的人没有践行责任，或两者兼而有之。因此，根据这一论点，权力和资金应转交给新的负责人和机构来管理，以保护公众。

类似的论调可被用于所有领域，如医药安全、农药管理、核能发电、汽车安全等，因为没有任何事情是百分之百安全的。某人正在阅读的书同样不安全，因为书可能会着火，火势蔓延起来还可能烧毁整个家。对于那些花自己的钱来处理自己的风险的人而言，唯一有意义的问题在于：为每本书、每份杂志或报纸的每一页都使用防火设计的做法是否是值得的。

20 世纪下半叶出现的第三方安全运动，用耸人听闻的说辞取代了风险增量分析，它们的动机是最大化对风险的担忧，而不是最小化伤亡。

在这种趋势下，一本具有里程碑意义的出版物——拉尔夫·纳德的《任何速度都不安全：美国汽车的设计隐患》在 1965 年应运而生。该书抨击了美国汽车的整体安全性能，尤其针对一款型号为考维尔的汽车。这本书不仅因引领新的政治风潮而具有重要的历史价值，还开启了一种全新的劝说型写作方式。在处理与风险和安全有关的问题时，很多出版物、政客和机构都借鉴这种方式。因此，即使过了几十年，这种写作方式仍值得审视。《任何速度都不安全：美国汽车的设计隐患》一书的主题在于：美国车不安全的原因是汽车制造商忽视安全性，这种忽视或者是为了节约制造成本，或者是为了不影响汽车的整体造型。在书中，购车消费者对安全无能为力，因此需要政府干预以保安全。

拉尔夫·纳德在书中写道："车辆使用者无法要求在汽车设计中加强安全保障，换句话说，美国汽车的生产仅遵从制造商自己设立的安全标准。"总之，现代生活中存在一个很重要的问题，即如何处理受经济利益的驱使而罔顾科技应用所造成的负面影响。

《任何速度都不安全：美国汽车的设计隐患》是讽刺艺术的杰作，它成功地树立了几个关于汽车行业整体，尤其是关于考维尔汽车的决定性的理念，这些理念通过媒体的宣传在大众之间广为传播。它没有给出任何证据，也没人要求证据。最重要的一个论点就是美国的汽车都很危险，而且正在变得越来越危险。拉尔夫·纳德在序言第一句话就写道："半个世纪以来，汽车造成了很多伤亡事故，给几百万人带来了难以估量的伤痛和损失。就像拥有了美狄亚的魔力一样，在过去 4 年里，这种巨大的创伤开始急速增多，这说明机动车还在不断造成新的、难以预料的破坏性后果。"

各种轶闻及有选择的引用，巧妙地暗示了作者的结论。但书里没有列出美国往年的汽车事故致死率，没有将美国的数据同其他国家的数据进行比较，没有将考维尔汽车同其他型号汽车进行比较，也没有将资本主义国家生产的汽车同那些不会受到逐利资本影响的国家所生产的汽车进行比较。只要列出这些数据，书中的结论就会不攻自破。书中用各种写作技巧让经验数据变得无关紧要。例如，拉尔夫·纳德曾引用一位批评者对考维尔汽车的评价，说该车"很可能是美国汽车市场中驾驶体验最糟糕、操纵性最差的一款"，拉尔夫•纳德还补充道："通用汽车公司的工程设计和管理操作导致了如此不安全的汽车的问世。"然而，认为考维尔汽车操纵性不错的专家意见却没有被拉尔夫•纳德引用。

尽管拉尔夫•纳德在书中用不容置疑的口吻描写了"半个世纪以来"的情况，却并没提供这段时期的任何统计数据。而根据可以获得的数据不难发现，长期趋势与《任何速度都不安全：美国汽车的设计隐患》这本书所暗示的情况正好相反。诚然，拉尔夫•纳德所说的汽车事故数量不断增加的确属实，但美国人口不断增长、上路汽车数量和车辆行驶千米数不断增加也是事实。如果计算交通事故同汽车数量的比值就会发现，在《任何速度都不安全：美国汽车的设计隐患》出版的 1965 年，汽车交通事故致死率其实还不到 20 世纪 20 年代水平的一半；而每百万千米汽车驾驶里程的交通事故致死率还不及20 年代水平的 1/3。很明显，这些数据显示的正好与拉尔夫•纳德的观点相反，某些因素导致汽车厂商制造出了更安全的汽车。

和大部分长期数据一样，汽车交通事故致死率也会波动，这个数字在《任何速度都不安全：美国汽车的设计隐患》出版的前一年恰好稍有上升。但在此前的几十年里（书中说这段时间消费者无能为力、公司贪婪无度、政府监管不足），美国汽车的整体安全水平实际上却显著地提高了。该书问世后，汽车交通事故致死率延续了几十年来的一贯趋势继续降低，但汽车安全的倡导者和媒体将致死率的降低归功于管理汽车安全的联邦政府机构，而这一机构的设立与拉尔夫•纳德的书有关。他们之所以会得出这样的结论是因为忽视了此前的历史，看不到致死率的下降只是延续了长期以来的一贯趋势而已。

那么考维尔汽车的命运又如何呢？这正是拉尔夫•纳德最成功的地方。他所释放的负面信息导致该车销量大减，通用汽车公司最后被迫将其停产。但几年后美国交通部进行的大量测试表明，考维尔汽车的安全性能与同时代的类似车型差不多，结论是考维尔汽车的表现"至少不比同期国外和国内生产的其他型号汽车逊色"。当然，这样的测试结果来得太晚，已经无法改变什么了。拜拉尔夫•纳德启发的安全运动所赐，考维尔汽车已经绝迹了。

考维尔汽车设计了后置发动机，正因如此，该车确实更容易导致某种类型的事故。不管汽车发动机的位置在哪里，汽车的物理性能都会受到该位置的影响，因此发生某些风险的可能性更大，而发生另一些风险的可能性则较小。这本书只是强调前一类风险，以血淋淋的实例作为佐证，但却对后一类风险避而不谈，于是，考维尔汽车被描绘成不安全的汽车。应用同样的策略，几乎任何事情都可以被判定为不安全的，因为如果忽略程度和替代性选择，一切事物最终都可以被判定为不安全。

不光是汽车发动机的位置选择存在利弊权衡问题，消费者对汽车安全装置的支付意愿也需要权衡，因为第三方机构认为安装这些安全装置的费用应该由其他人来承担。然而，再三权衡之下，很多安全运动都会站不住脚。当然，安全运动并不仅限于汽车安全领域。拉尔夫·纳德将这种权衡斥为"汽车行业的伪善之言"，他用这种文字游戏代替了必要的事实论证和逻辑分析。由此可见，该书的确称得上是讽刺艺术的杰作，它也为之后的安全运动提供了模板。

那些为疫苗和药品安全问题摇旗呐喊的斗士也采用了同样的方法。疫苗和药物既能拯救生命，也能夺去生命。不管它们拯救了多少生命，但在现实中，仍不可避免有少数人因接种疫苗或服用药物出现不良反应，酿成悲剧（即使是花生酱这样很普通而且一般无害的东西，对有些人来说也是致命的）。如果对几百万儿童注射某种疫苗，大部分孩子可能不会有任何反应——既不会感染，也不会出现副作用。当然没有人能预先得知哪些孩子会受到影响，无论是好的还是坏的。如果有 10 000 个孩子不接种疫苗，就可能感染致命疾病，那么也可能有 20 个孩子因接种疫苗而导致产生不良反应，最终死亡。

伤心欲绝的母亲流泪不止，指责自己为什么要给孩子注射疫苗，如果没有给孩子接种疫苗孩子可能还会活着；而对于因注射疫苗而存活下来的 10 000 个孩子的母亲，她们的感受人们则无从得知。

四、政府对保险的监管

保险公司和其他公司一样，都倾向于对市场上的经济激励做出反应，而对保险条款进行监管的政府部门却倾向于对政治激励做出反应。理想状况下，特定风险的成本应该体现在为这些风险投保所缴纳的保费中，但市场和政府不能总为此提供激励。经济和政治激励以各种方式使事情变得复杂，甚至在某些情况下，为特定风险提供保障的保险费用根本不能反映风险的相对成本。

在自由市场中，有两大问题会对保险公司产生影响：一个问题即保险会鼓励投保人做风险更高的事情，这种问题被称为"道德风险"；另一个问题是有些人会选择为某些事情投保，但另一些人却选择不投保，而那些风险最大的群体更有可能选择投保，于是使用针对所有人口统计出的数据来分析购买保险群体的风险状况，可能会得出具有误导性的结论，这种情况被称为"逆向选择"。这些影响告诉人们，以整体人口的当前情况为依据，并不能可靠地预测出投保群体的情况。

政府对风险行为的监管，如禁止在家中储存易燃物品、严禁酒后驾车等，可以降低道德风险问题；而立法要求所有驾驶者必须购买汽车保险则可以减少逆向选择问题。然而，和其他情况一样，虽然政府有时能改善自由市场中存在的问题，但这并不意味着政府就只做有益的事情。例如，将不能达成目标的干预叠加在有益的干预之上，人们就不能弄清楚这些干预整体上究竟是利还是弊。

政府监管未能达到预期效果，常常是因为他们允许其他因素凌驾于风险因素之上，未意识到风险才是保险的核心。例如，有些人会感到"不公平"，或是觉得保费过高，或是有些事件不在承保范围内，因为这些事情不是他们的错且不受他们的控制。但是风险和过错并不是一回事，有些风险带来的成本并不仅由投保人的行为决定。

例如，一个并无不良记录的司机如果正好居住在一个交通事故频发的社区，他可能需要为汽车支付更高的保费。汽车风险不仅取决于车主或驾驶者，而且还取决于造成事故、偷窃或搞破坏的其他人。如果该社区飙车或酒驾的现象非常普遍，住在该社区的司机的驾车风险，肯定比住在其他社区的司机高。同样的道理，如果投保司机的住所附近，普遍存在盗窃或破坏情况，即使这位司机采取了正常的防范措施（指的是应用在其他地方更有效的措施），他仍需支付更高的保费。很明显，从统计学家收集的硬数据中，不难看出或证实保险公司的考量，但大部分人并不是统计专家，他们对事情是否"公平"的感觉不论是否符合逻辑，都会对监管保险业的政府部门产生影响。

在美国各州政府、联邦政府及其他国家政府制定的法律和法规中，通常都会禁止保险公司制定一些被视为对某些人不公平的条款，哪怕这些条款能精确反映不同人群之间的风险差异，而且这种区分只是针对群体，而非个人。风险是能被计算出来的，这就是保险公司存在的最重要理由。但人们都讨厌付钱给那些他们认为不符合或声称不符合自己实际情况的东西。例如，在拥有比特斗牛犬或其他具有攻击性犬类的人中，就曾出现过这种情况。《华尔街日报》曾刊载过这样一个报道：越来越多的保险公司都拒绝为饲养特定犬类的房屋所有者开出保单。立法者和动物福利组织都在施加压力，希望能禁止这种做法。有些大的保险公司，包括美国好事达保险公司和州立农业保险公司，都不肯为某些联邦州中饲养特定犬类的房屋提供保险。其他的保险公司则会将这些品种排除出责任险的承保范围，或是对其收取额外费用。

尽管美国疾病预防与控制中心在报告中，证实了过去20年因犬类攻击致死的案例，有超过一半都是因为受到比特斗牛犬或罗特维尔犬的袭击，但是这些犬类的主人却向保险公司提出抗议，因为他们认为这些狗不会打扰到任何人。但保险存在的原因正是群体风险比个人风险更好预测。不过，对养狗者的政治回应促使一些联邦州通过法案，禁止保险公司对特定犬类的拥有者制定限制条款。结果，养得起高危犬类的人更多了，而为此买单的却是其他投保人（保险公司的整体成本提高了，投保人支付的保费就会增加）和受这类狗袭击而伤亡的人们。

总体来说，政治因素会迫使保险公司扩大承保范围，为本不予承保的东西提供保险，如犬类袭击、狂风对房屋的损害和更多的医疗方法等。媒体报道也不乏一些充满人情味的个人故事，他们的不幸遭遇被用来要求保险公司放宽强制性承保的范围。媒体报道和政治讨论所缺乏的，常常是对"放宽承保范围所造成的成本"和"这些成本该由谁来支付"的考量。若有批评者提出成本问题，这些问题也会被辞令所消解：估值高达几十亿美元的保险公司肯定承担得起这些成本，并有"社会责任"去这么做。这类混淆视听的口号既缺乏逻辑，又缺乏证据。

实际上，很有可能出现这样的情况，即第一阶段的福利会导致投保人在第二阶段支付更高的保费。这就意味着很多本来买得起基本保险的投保人，不再买得起新保险了，因为保险公司迫于政治压力放宽了承保范围，从而使保费提高了，但被包含进来的保险标的物对大部分投保人来说没有太大意义。于是，导致未投保人数增多的同一批政客，又将"未投保"作为他们需要"解决"的新问题。

以"公平"为名忽视风险还有很多不同的表现形式。例如，女人通常比男人寿命长，因此保险公司为男人提供人寿保险的成本高于女人；但若提供的是年金，情况则正好相反。如果保费全部由竞争性市场中的经济标准来决定，那么人寿保险向男人收取的保费更高，而每年向投保人提供一定金额作为收入的年金，则向女人收取的保费更高。然而，"公平性"的观念会产生男女同等对待的政治呼声，禁止对不同性别收取不同保费的法令就会应运而生，法国就发生过这样的情况。同样，其后果是人寿保险和年金的成本同时提高，而这些成本最终又会被所有的投保人共同承担。

由于不能预测购买人寿保险或年金产品的男女比例，保险公司在计算这些险种的承保成本时，将面临很大的不确定性。这样做比根据男女的预期寿命分别计算成本的风险更大。为了应对购买人寿保险的男性数量超过女性数量，或购买年金产品的女性数量超过男性数量的情况，每家保险公司都必须收取更高的保费。总之，在保险公司承担额外风险的同时，投保人整体却没有因此获得额外的收益。政治上强制要求性别平等的结果，就是所有投保人都要为人寿保险和年金支付更高的保费。

意见（包括"公平"由何构成）可以自由发表，但当这些意见被转化为法律时就会产生成本，也总得有人为这些额外的成本买单。有些年龄段的驾驶者发生交通事故的比例比其他年龄段更高，所以他们汽车保险的保费也应该更贵，哪怕其中有些人的驾车安全记录完美无瑕。但有些地区的法律和监管规定却禁止保险公司对不同投保人收取不同的保费。

无论这些结果从经济的角度看有多不合理，从政治的角度来看它们却是无可指摘的，制定这些规章的政府官员会在短期内获得政治收益，即使从长期来看，保险公司和投保人的福利都会降低。出于政治动机命令，保险公司将一些保险种类的承保范围延伸到原本出于经济考量不会承保的范围，同样也是不合理的，因为这与风险无关。例如，每年体检的费用就不属于风险的范畴，因为大家都知道这种例行体检每年都会进行一次。要求健康保险承保这些内容，就好比要求汽车保险去支付汽车烟雾检测或常规换机油的费用。但因为健康问题更加牵动人心，而且每年的例行检查又被描述为一件"好事"，所以政府有理由下达命令。

在保险行业和其他行业中，"公平"是一个含义模糊的字眼，它屡屡成为政府干预经济结果的"尚方宝剑"。除此之外，只要监管机构认为这些措施比自由市场中出现的事情更"合理"，政府还会进行很多其他的干预。

如果保费水平由政府官员设定，他们常常不会让保费达到在自由市场中应达到的高价。在自由市场中，如果司机曾多次发生事故，或严重违反交通法规，他们就需要支付高额保费。保险公司往往不愿为这些驾驶者提供保险，因为他们所支付的保费很可能无法弥补成本。该问题的一种常见的政治解决方案，就是将所有无法通过常规途径购买，或买不起汽车保险的人汇集起来。保险公司被迫接受这些高风险驾驶者，并重新制定保费标准，这一标准必须能够覆盖包括高风险群体在内的所有驾驶者造成的损失，这就意味着其他的驾车者需要为高风险驾驶者提供补贴。把目光放长远，这也就意味着可能会有更多的行人和驾驶者伤亡，因为高风险的司机买得起能让他们上路的保险，而此前政府允许保险被定在很高的水平，以弥补这些司机所造成的损失。其他结果还包括：为了弥补不安全驾驶者所造成的损失，安全驾驶者需支付的保费只能不断提高，于是有越来越多的安全驾驶者无法通过正常渠道购买愈加昂贵的汽车保险，最后和那些高风险驾驶者一样汇集到被补贴的群体中去。例如，20世纪70年代初，新泽西州只有12%的高风险驾驶者能够得到补贴，但是 10 年之后，大约有半数的汽车都是通过补贴才得以投保的。新泽西州并不是唯一对汽车保险实施监管的联邦州，汽车保险也不是唯一让政治因素凌驾于经济标准之上，并最终决定保费水平的险种。这种监管的净效应就是让那些风险较低的投保人去补贴那些风险较高的投保人，其后果就是所有人的保险成本都增加了，高风险行为也有所增多。这些行为不仅带来了经济损失，还对第三方的生命安全造成了负面影响。虽然政府可以命令所有人必须购买汽车保险以降低"逆向选择"的风险，但这种收益可能会被抵消，因为强行设定保险费率会使不安全的司机也买得起汽车保险，而那些违反法规或没有购买保险的司机也不会得到应有的惩罚。

这种情况不只出现在美国。政治动因所导致的政府过度干预或不作为也会出现在其他地区。某杂志曾报道英国法律"对无险驾驶处理得不甚严格"，可以预见，其后果就是付给被无保险司机所伤的受影响者的赔偿不断攀升。汽车保险局的经费是从整个保险行业征收而来的。无险驾驶者驾车伤人之后该机构的赔付总额从 1988 年的 1 100 万英镑增长至 2000 年的 2.25 亿英镑。

和其他情况一样，政府对市场的干预可以产生一些有益的影响——在本例中是减少"逆向选择"——但这并不意味着政府干预的整体影响一定有利，或避免不利影响。其整体影响与各种政治激励和约束因素，尤其是第一阶段的各种激励和约束因素有关，而这些干预措施的后续反弹却经常被忽略。

随着 DNA 研究水平的不断进步，凭借特定 DNA 预测易感疾病成为可能。这提出了一个同样的问题，即是否应该允许人寿保险的条款和限制条件反映这些不同的风险。很多国家都已经针对该问题展开过讨论，支持者和反对者都有着各自的理由。

美国也提出过"基因歧视"的问题。《纽约时报》曾在头版登载相关新闻：一项旨在禁止健康保险公司及雇主利用基因信息实施歧视的法案，以压倒性的优势获得国会的最终批准。

第二节 基于经济学思维的社会保险分析

不是所有被称为保险的东西都是真正的保险。在欧盟各国，有90%的退休收入来自政府退休计划，该计划也通常被称为社会保险。但是这种政府养老计划同真正的保险有很大的不同，真正的保险要对风险的发生概率进行严谨的数学计算和统计计算，并在此基础上确定能够弥补损失的保费水平，该过程被称为精算。只有当保险公司的资产足以承担赔偿责任时，该公司的财务状况才能从精算的角度被视为良好。保险公司的资产包括收取的保费、用公司资金购买的实物资产和金融资产，以及从这些投资中获得的其他收益。而保险公司的负债则是依法必须付给投保客户的理赔金额。

政府经营的社会保险计划，其资产很少能超过负债，它依靠当期收入来完成当期支付，这种计划被称为随收随付计划，有时也被称为"金字塔计划"。金字塔计划是指私人经营的随收随付计划，由于这种计划的违约风险非常高，而且管理该计划的人有可能攫取部分资金为己所用，所以它是违法的。最有名的金字塔计划是由查尔斯·庞兹发起的。1919年，查尔斯·庞兹开始策划一个阴谋，骗子们向一个事实上子虚乌有的企业投资，许诺投资者将在三个月内得到40%的利润回报，然后，狡猾的查尔斯·庞兹把新投资者的钱作为快速盈利，付给最初投资的人，以诱使更多的人上当。由于前期投资的人回报丰厚，查尔斯·庞兹成功地在七个月内吸引了三万名投资者。这场阴谋持续了一年之久，被利益冲昏头脑的人们才清醒过来，后人称之为"庞氏骗局"，而查尔斯·庞兹也因此在1920年被判入狱。

查尔斯·庞兹承诺要在90天内让投资该计划的人获得一倍回报。第一批无视疑点的投资人确实在90天内获得了投资额翻倍的回报。很简单，查尔斯·庞兹是用第二批投资者的钱来支付第一批投资者的回报的，而规模更大的第三批投资者，其投资则被用于偿付第二批投资者。只要被吸引到该计划的人能够形成金字塔形状的结构，早期的投资者和查尔斯·庞兹就能赚得盆满钵满。然而一旦这样的金字塔停止扩张，查尔斯·庞兹就没有办法继续向前面的投资者支付回报，因为这种计划根本创造不出新的财富。

美国社会保障的养老保险制度其实是用在职者缴纳的养老保险金，为退休者发放退休金，这也相当于用第二代职工投入计划的资金来支付第一代职工的养老金，以此类推。和查尔斯·庞兹的金字塔计划不同的是，这些政府养老保险计划的周期要长于90天。职工在缴纳几十年保险金之后才能从该计划定期获得养老金。20 世纪 30 年代，美国社会保障制度建立之初，职工人数较少，第二次世界大战后，"婴儿潮"给美国带来了更多人口，位于金字塔下方的贡献者注定会增多。采取这种计划的国家，其经济得到了发展，职工的收入水平也在不断提高，从这些收入中征收的金额足以为收入水平更低的职工支付养老金。承诺并不能一直兑现，养老金常常会比最初承诺的高。和庞氏骗局一样，最初参与这些养老金计划的人也收获颇丰。

有人曾提出警告，认为这些政府养老保险计划从本质上看就是资不抵债的庞氏骗局，用金融术语来说就是"从精算的角度不能认为（该计划）财务状况良好"。这种警告要么不被相信，要么就被置之不理，被视为"从理论上看正确无误，却不符合实际情况"。麻省理工学院的教授保罗·萨缪尔森就对这种警告嗤之以鼻，他曾表示："社会保险的美妙之处恰恰在于它从保险精算的角度不能被视为财务状况良好。每个人退休后的退休金福利其实超过了他支付的金额……只要人口保持增长，年轻人就永远比老年人多。更重要的是，只要实际收入每年都能增长 3%，养老金的缴纳基础就会超过那些已经退休的人当初所缴纳的养老金总额……"

然而，到了 20 世纪末，清算这些政府养老保险计划的行动已隐约可见，而这一切都和经典的庞氏骗局相像。与保罗·萨缪尔森教授的论断相反，现实中并不是"年轻人的总数永远都比老年人多"。西方国家的人口出生率不断下降而平均寿命又显著提高，领取养老金的人口数量在不断增加，领取时间也在持续延长。这很明显会产生令人不安的结果：政府要么大幅提高税率，要么削减养老福利发放标准，甚至两者要同时进行。不这样做，养老保险计划的资金就会耗尽。

2002 年，根据国际上颇具影响力的信用评级机构——标准普尔的计算，若按照承诺的标准发放养老金，15 个欧盟国家中有 9 个国家的养老保险负债总额已经超过了该国当年的国内生产总值。规模如此庞大的债务通常发生在一次大型战争之后。而且，战争一般延续几年就会停止，退休人群一代又一代永无止境，他们寿命也会越来越长。人口预测研究表明，达到退休年龄的人口数量同劳动年龄人口之间的比值，在 21 世纪前半叶会一直迅速提高。不仅欧盟各国如此，日本和美国也是一样。

20 世纪末到 21 世纪初，关于"拯救"社会保障体系的讨论彻底爆发。这种危机重重的氛围源于工作人群缴纳的养老保险与保险公司的保费不同，后者被用于投资，而前者则被用于支出。由于随收随付的政府养老保险计划并没有真正的财富资金，它与原始的庞氏骗局有着相同的致命性问题。几十年后这种财务危机才会爆发，因此即便是在危机爆发之时，很多人也不能看清其原因。人们通常都会将问题归咎于不断变化的人口统计数据，而不是该机制的始作俑者。这种机制发挥作用的前提就在于人口变化趋势不能发生改变，但是人口变化趋势在历史上已经经历了多次调整。

第三节　风险管理中的经济学思维启示

安全这种东西似乎不可多得，然而人们日常生活中所做的一切却与这一结论不符。人们的所作所为常常要比他们所说的更有意义。

要降低风险就要付出成本。有些人愿意支付该成本，有些人却不愿意，而且不是所有的成本都是金钱成本。对于很多人而言，降低风险所带来的成本就是放弃滑雪、划船、爬山、攀岩、滑板和其他带有一定危险性的娱乐活动。事实上，所有的活动都有风险，因为没有什么事情是百分之百安全的，但这并不是说人们就应该消极地回避一切活动。任何事情都有风险，如果要回避一切，那么人们还必须远离阳光，因为阳光会增加患皮肤癌的风险。但是，大部分人都不会在交通高峰时期，为了走捷径就横穿高速公路。这也就是说，有些风险人们愿意承担，但有些风险人们不愿意去面对，每个人的选择都会有所差异，但不管面对什么情况，人们在选择时都会衡量利弊。

一、权衡利弊

无论人们有多赞同与安全相关的冠冕堂皇的说辞，甚至投票给说出这些话的政客，但在生活中，人们都会将增加的安全性同增加的成本进行权衡。人们可能觉得在玩死亡概率为 1/6 000 000 的俄罗斯轮盘游戏时，极力避免死亡是值得的，但又可能觉得花费 1 000 美元去避免死亡概率仅为 1/6 000 000 的偶然性事件不值得。事实上，如果避免这 1/6 000 000 的可能性需要付出一些令人不便的代价，有些人就会拒绝为其支付费用。总之，即使是那些在绝对语境下讨论安全问题的人，即使他们口里说着"只要能够挽救哪怕一条生命，就要不惜一切代价"，他们也会在实际生活中权衡利弊。

为某种安全付出的代价之一就是增加其他的危险。例如，为了让地铁更安全，可以降低列车的行驶速度、加大两次列车的行驶间隔、减少每趟列车的车厢数（这种方法可以使列车的重量减轻，从而减少列车制动所需的时间）。然而，这些方法会降低地铁在高峰期的载客量，但人们总得去上班，于是有的乘客只能选择其他的交通方式出行，而大部分交通方式的伤亡风险都比地铁大。换句话说，用政策命令来降低地铁出行的风险，就会增加其他交通方式的风险。

用政治管理风险的问题在于降低风险具有新闻价值，但与此同时增加的其他风险不具备新闻价值。例如，迫于国会的压力，美国联邦航空管理局在 2008 年强迫所有航空公司取消几千次航班，进行逾期未完成的检查和整改，未达标的飞机就不能继续执行飞行任务。因为在那时美国已经有 7 年没有商业航空飞机发生空难了，所以这些等待检查的飞机并没有造成严重的危害。然而，事出突然，成百上千的乘客必须在没有得到提醒的情况下改变出行安排。毫无疑问，这么多航班停运迫使乘客乘坐汽车前往目的地，而汽车每千米的致死率是飞机的数倍。换言之，降低未被查验的航班的风险，会提高高速公路上死亡事故的风险。

在很多情况下，降低某种风险就意味着增加其他风险。第二次世界大战期间，尽管降落伞明显属于安全装置，但日本的战斗机飞行员在空战时通常都选择不佩带降落伞。一位飞行员在战后对此解释道："尽管部队为每个飞行员提供了降落伞，但他们自己决定在飞行时不佩带降落伞，因为降落伞会影响他们在驾驶舱里的活动。飞行操作的瞬时反应关乎生死，而被降落伞背带缠绕的四肢很难快速活动。"换言之，佩带降落伞就会提高飞机被击中的概率。提升某件事情的安全性可能会增加其他的风险，地铁列车、商业航班和其他案例都证明了这一点。

二、保险和再保险

保险公司的作用不仅是为遭遇不幸的投保人提供赔偿，和家庭一样，保险公司也会竭力降低各种可能造成不幸的风险。但同保险公司相比，家庭能够更好地警告和监督家庭成员，而保险公司限制投保人从事风险活动的手段却比较有限。保险公司会通过其他方式来保障公司的财务安全：一是将投保人主动降低风险作为签订保单的前提条件；二是根据风险程度的不同来制定保费。例如，在经常发生火灾的州，房主在购买财产保险时也通常会被要求采取一些防范措施，有些房主会被要求清除房屋周边大面积的灌木丛，有些房主还被要求给房屋装上全新的防火屋顶。在经常发生飓风的东部和海湾地区，保险公司会要求投保人在投保前必须给房屋装上能抵御风雨的百叶窗。吸烟者支付的保费要高于那些不吸烟的人。

在美国的海湾沿岸和东部沿海地区，政府推出了一系列管制措施禁止私营保险公司对财产险收取过高的保费。由于保费在这些地区无法弥补理赔成本，保险公司最终只能放弃这里的财产险业务。很多投保人最后只能求助于州立和联邦保险计划，将风险转嫁给纳税人。

和其他问题一样，政治决策者在这里面临的激励和约束条件与经济决策者完全不同。私营保险公司必须收取足够高的保费来弥补危险事故频发给公司带来的成本，或者提出严格的要求让投保人尽量降低这些风险；而政治决策者则想将自己塑造成一个极富同情心的人，以此吸引选票并留任，但未来灾难会造成的损失，也许在很长时间之后才会显现，那时则需要纳税者来买单。如果保险公司不采取措施，一旦出现灾难性事件，投资者和金融机构对商业行情的监控比选民对政府的监控要严密得多，他们的反应会立刻让保险公司的股票价值和债券评级大幅下降，保险公司的高管也会面临失业。总之，政治决策者和经济决策者都想保住自己的饭碗，然而在不同的机制体制下这两类决策者会做出极为不同的决定。

除了要求投保人采取具体的安全防范措施，保险公司的保单中通常都会要求投保人分担高风险活动的部分成本，即损失发生后先由投保人自己承担一部分固定的"免赔额"，再由保险公司支付剩下的部分。

和家庭一样，保险公司还会提供风险信息帮助投保人降低风险，他们经常出版关于健康生活、安全驾驶、防火和预防其他灾害知识的小册子。保险行业协会会对不同品牌、不同型号的汽车进行碰撞测试并将这些结果广而告之。这种做法可以让公众了解更详细的信息并给汽车制造商施加压力，推动汽车制造商生产出更安全的汽车。同时保险公司也可以参考这些测试结果为不同种类的汽车制定保费标准。数据显示，随着时间推移，汽车事故致死率不断下降，这表明汽车制造商一直在回应消费者对安全性的要求，而这与拉尔夫·纳德所描写情况恰好相反。

保险不仅降低了风险，还将风险转移到了承担成本最低的地方去。没有人知道自己的房屋何时会着火，自己的汽车何时会遇到事故。保险公司为成千上万的房屋和汽车承保,他们对整体的预知能力要比投保人预测自己何时陷入危险的能力要强得多。换种方式来说,保险公司为弥补损失预留的资源比每个投保人为弥补同样概率的损失预留的资源加总起来要少。这种资源安排不仅对某些保险公司及其客户有利,从社会整体的角度来看,还降低了风险和承担风险的成本,经济中的闲置资源也会因此而减少。

正如房主和公司可以通过支付保费将发生火灾、遭遇洪水和其他灾害的风险转移给保险公司,保险公司也可以付钱将部分风险转移给再保险公司。在这两种情况下,风险不仅被转移了,同时也被降低了。如果有家保险公司位于美国中西部,大部分保单都是俄亥俄山谷的房主为房屋所投的财产险,一旦洪水侵袭,保险公司的财务状况就可能遭到毁灭性的打击。然而,如果这家保险公司已将主要责任转移给了再保险公司,如瑞士再保险公司,这家国际再保险公司所面临的俄亥俄山谷、莱茵河谷、尼罗河谷和多瑙河山谷等地区同时暴发洪水的风险要远远小于当地保险公司所面临的洪水暴发的风险。

世界范围内有一百多家再保险公司,所以不会只有一家再保险公司独自承担俄亥俄山谷洪水灾害的所有赔偿。每个再保险公司的风险组合从地理范围来看,要比当地的原保公司所承担的风险分散得多。总之,保险行业和再保险行业的整体风险比任何一家原保公司,尤其是那些客户集中在某个地理区域的原保公司的风险都要小。因此,为全世界各条河流沿岸的住房和产业投保,其成本会比为其中某一条河沿岸的住房和产业投保的成本低。

换言之,由于再保险业务不发达,有些国家企业和家庭需要预留更多资金或物资来抵御风险。如果部分风险能由瑞士和美国的再保险公司承担,就不需要预留那么多的资金和物资,因为这些再保险公司会同时为位于阿根廷、埃及、澳大利亚、丹麦、斐济及中国等国的企业和家庭承保。中国的长江沿岸储备了大量抗洪物资防范洪水风险,包括安置被迫离家群众的帐篷,供灾民食用的罐装或其他密封食品,用来维修损坏建筑和进行重建的设备等。但如果中国的原保公司在瑞士再保险公司投保,一旦长江洪水肆虐,瑞士再保险公司会实时电汇资金从日本购入设备和物资,并在几个小时内送达中国。这样,中国就不需要事先准备那么多的物资了。

低风险就意味着低成本。保险公司和再保险公司之间的市场竞争意味着顾客的保费会因各家公司争取客户的行为而降低。风险的地理分布是开展再保险业务的原因之一,但这并不是唯一的原因。例如,超过 4/5 的美国人寿保险公司都购有再保险。和洪水侵袭的风险一样,如果某个地区暴发流行病并导致死亡扩散,当地人寿保险公司的金融风险可以被世界各国的再保险公司共同分担。

在处理自然灾害时，政治考量与市场动机也截然不同。根据印度媒体报道，当该国1999年面对龙卷风袭击时，政府为了顾全自己的面子，没有尽快在其他国家或国际机构的帮助下拯救受影响者。若向外界求助，各方就会对印度政府的能力产生怀疑，令政府难堪。与之类似，当一艘俄罗斯潜艇被困于海水中时，俄罗斯政府拒绝了美国和英国海军的援手，所有受困船员都因此不幸丧生。大规模的公众抗议迫使俄罗斯在灾难再次出现时选择接受英国海军提供的帮助。

但在竞争性市场中，私营保险公司的快速应对能力则是一项极为重要的资产。在1906年著名的旧金山地震中，瑞士再保险公司迅速筹集资金帮助受影响者渡过难关。正是这种做法使该公司蜚声全球，该公司也因此得以将业务迅速拓展到世界各地。

三、政治学与经济学

在决策过程中，有一点非常关键：究竟是个人为自己做决定，还是由第三方为其他人做决定。例如，地铁乘客其实可以选择其他方式去上班，他们并没有要求地铁必须达到百分之百的安全，也不会因为地铁无法达到该标准就选择其他的交通方式。但如果是由一群人为其他人做决定，那么情况又会如何呢？如果最近发生了一起引发多方关注的悲惨的地铁事故，多人因此丧生，那么社会上要求地铁提高安全保障的呼声会促使当局下达命令，降低列车的行驶速度，减少列车的车厢数，并加大列车之间的距离。而且，如果政策实施一段时间过后，地铁事故和损伤事件的数量真的有所下降，下令推行这些政策的政府官员就不会羞于承认这些政策，选民也不可能去询问交通高峰期所有出行方式的伤亡事故总数。只有那些跳出第一阶段思考的人才会想去了解这些。总之，第三方决策以类别论和第一阶段思考为基础，常常在政治领域取得成功，而个人为自己做决定则更可能基于对增量利弊的权衡。善于言辞的政客们能轻易地忽略隐性成本，但如果他们是为自己做抉择则很可能会将成本纳入考量。

在其他情形下，短期内的谨慎行为从长远来看也可能带来危险。这些情况并不仅限于经济领域。一定时期内，乔治·布林顿·麦克莱伦将军因在指挥联邦军时过分谨慎而广受诟病；如果他能更加积极地打击南方联盟军，不让败北的联盟军逃脱并卷土重来，就不会出现如此多的伤亡。乔治·布林顿·麦克莱伦将军坚持要等自己的部队完全集结好才肯重新发起进攻，这为联盟军提供了宝贵的撤退时间，并让他们能够修好战壕、更好地准备防御。如此一来，联盟军就能在后面的战役中轻而易举地杀死更多的联邦军士兵。

提升某种安全防范会增加其他风险，这一现象还与财富相关。再来回顾一下这种常见的言论："为了挽救一条生命，付出任何代价都可以。"但从安全角度看，仅当财富无法挽救生命时，这种不计后果的牺牲才说得通。

然而，在现实中，财富是拯救生命非常重要的因素之一，所以牺牲财富就等于牺牲生命。财富对挽救生命的作用十分巨大，无论是比较同一个社会中富人与穷人的情况，还是比较富裕国家和第三世界国家的情况，都是如此。一位印度经济学家曾指出："在自然灾害丧生的人中，有95%都是来自较为贫穷的国家。"几乎所有国家过去都比现在贫穷，这也就意味着随着时间的推移，无论是在富裕国家还是贫穷国家，在自然灾害中丧生的人数一直会下降。各种经验数据也证实了该结论。

1900年得克萨斯州加尔维斯敦的一场飓风夺走了6 000人～8 000人的生命，而1992年飓风"安德鲁"袭击佛罗里达州时，只有不到50人丧生，其实"安德鲁"飓风的破坏性比1900年那场飓风强得多。出现这种差异是因为1992年的美国比过去富裕得多，人们有更多方法提前向当地居民发出预警，并在飓风后采取更多方案援救受灾群众。印度经济学家指出，印度也曾出现类似的情况。根据媒体报道，2000年发生的旱灾被认为是整个世纪最严重的一次，媒体"努力寻找受影响者，却遗忘了过去的饥荒曾夺走了几百万人的生命"。发生医疗事故、交通事故和其他灾难时，当事者的个人财富和所在国家的财富水平也会影响灾难的危害程度。

最富裕的国家在自然灾害中往往会遭受最大的经济损失，而最贫困的国家则会失去大量的生命。例如，2005年的"卡特里娜"飓风给美国和巴哈马造成了高达1 350亿美元的损失，比世界其他地区任何一次自然灾害的经济损失都要高上数倍，而一次发生在印度和巴基斯坦的地震则导致了超过73 000人遇难或失踪。与之相比，虽然根据美国的标准，侵袭美国和巴哈马的"卡特里娜"飓风已经是极其罕见、极具毁灭性的飓风灾难，死亡总数对美国来说也已经相当高，却只有不到1 500人。

并非所有风险都会危及生命。在面对金融风险时，政府机构的处理方式也和经济部门依靠市场的处理方式不一样。银行业是一个非常典型的行业，风险评估对该行业的生存至关重要，却往往不能成功。由于银行长期以来受政府监管，它们的风险根据政治管制的力度及政府对银行自我决策（银行常常根据市场状况来做决定）的压制程度的不同，而有着相当大的差异。

在美国历史上的大部分时间，银行开设分支机构的数量一直受限，至少在有些州是这样。无论这种限制背后的政治原因是什么，其经济结果都是增加了银行业的风险。例如，一家开设在小麦产地的银行，其命运很大程度上取决于小麦市场的情况，因为这家银行的储户和贷款客户很可能由小麦市场的从业人员构成，而这些客户的收入都依赖于小麦市场的经营状况。如果这家银行可以在出产石油、银矿或其他产品的地区开设分支机构，那么由于这些产品在经济中占比更大，银行的风险就能得到分散，所以整体风险也会降低。

这些只扎根于一个地区的银行被称为"单位银行"，一旦银行所在地的经济出现问题，这些银行就会遭受损失，因为贷款难以收回；与此同时，储户也会因为收入水平降低而减少存款。然而，利润损失还不是最危险的。由于银行会将很大一部分存款用于发放贷款，如果所有储户同时要求提取存款，银行的现金流就会出问题。区域经济衰退导致能偿还贷款的客户减少，而由于收入下降、入不敷出，到银行取钱的储户增多，所以另一种风险就会出现——人们因担心银行倒闭纷纷去银行提款并造成挤兑，挤兑一旦发生，银行破产的可能性就会加大。

在 20 世纪 30 年代美国大萧条时期，"单位银行"的问题变得尤为明显，几千家银行接连倒闭。这种风险不仅对银行业产生影响，还会打击整个经济，因为银行的倒闭会导致总需求萎缩，使整个国家更难走出经济衰退。银行倒闭并非随机发生，而是集中于规模很小的银行，这种银行在倒闭的银行中大约占比 90%。这些银行开始游说联邦存款保险公司稳定客户的情绪，让他们不用为存款担心。规模较大、分支机构较多的银行没有向这种保险寻求帮助，因为这些银行业务更分散，财务状况也更可靠。

一开始，美国有 14 个州政府设立了自己的存款保险公司。这些州都曾通过立法，要求州内银行只能是"单位银行"，而其中大部分州发生了大规模的银行倒闭危机。换句话说，这些州的存款保险公司处理的风险恰恰是州政府自己造成的。而且，这种解决方式并不是零成本的，因为当地银行必须向存款保险公司支付保费，以抵御政客强加给他们的风险。在联邦层面，分支机构众多的大银行认为自己没必要向存款保险公司支付保费，但随着联邦存款保险公司的成立，所有银行都有法律义务为自己的存款投保。

联邦存款保险公司极大地降低了银行的挤兑风险，因为人们知道即使银行倒闭，自己的存款也有保障。这样一来，银行挤兑的可能性就会减少，20 世纪 30 年代那样的货币供给紧缩、需求下降的危机也会因此降低。很多人将其视为政府为维持经济长期稳定作出的主要贡献。然而，联邦政府这样做实际上是在解决此前限制性措施产生的问题，且代价不菲。拥有多家分支机构的银行本不需要支付这种保费,因为这些银行根本不存在这种问题,即使是在大萧条时期。同样的存款保险政策扩展至存贷社后,纳税人为 20 世纪 80 年代存贷社的大量倒闭,支付了高达 5 000 亿美元的成本。很明显,这些机构缴纳的保费并不足以弥补所有的损失,但是存款保险的存在会让储户和银行董事放松警惕。金融机构的经营者和其他人一样,都会因保险保障(即由保险人负责提供风险事故发生后的经济补偿保证)而敢于承担更大的风险。

第七章　经营管理视域下的经济学思维研究

第一节　基于经济学思维的奥格尔维法则分析

奥格尔维法则，也被称为奥格尔维定律，是指如果每个人都雇用比自己更强的人，就能成就"巨人公司"。奥格尔维法则适用于任何单位，不论是政府、企业，还是高校、医院、媒体、社团等，这个定律都颠扑不破。

奥格尔维法则源于这样一个故事。美国奥美广告公司总裁戴维·奥格尔维召开了一次董事会，在会议桌上，每个与会的董事面前都摆了一个相同的玩具娃娃。董事们面面相觑，不知何故。戴维·奥格尔维说："大家打开看看吧。"于是，董事们一一把娃娃打开，大娃娃里有个中娃娃，中娃娃里有个小娃娃，小娃娃里面还有更小的娃娃。最后，当他们打开最里面的玩具娃娃时，看到了戴维·奥格尔维写的一张小纸条。纸条上写的是："如果你经常雇用比你弱小的人，将来我们就会变成矮人国，变成一家'侏儒公司'；相反，如果你每次都雇用比你高大的人，日后我们必定成为一家'巨人公司'。"这些聪明的董事一看就明白了。这件事给每位董事留下了很深的印象，在以后的工作生涯里，他们都尽力任用有专长的人才。戴维·奥格尔维的公司从此进入了高速发展的阶段。

在一个团队中，有的主管希望下属听话些，他们认为只有听话的下属，才能凸显自己的权威，他们才能按照自己的思路实施管理。所以从心理学的角度来看，可以理解企业选择招聘一些水平低于上级的下属。但过于听话的下属往往意味着没有主见或能力低下，这可能带来两种效应：一是团队领导管理效率和效果大打折扣；二是这样的下属永远不会威胁到上级的职位。但团队领导需要实现整个团队的发展和目标，如果每个主管都招聘水平比自己低的下属，那么团队也会出现两种效应：一是下属的服从意识都很强；二是团队的创新能力和活力很弱，整个团队显得非常循规蹈矩，按部就班，缺少激情，像一潭死水。

相反，如果每个主管都雇用比自己更强的人，那么，这个团队就会更具活力，更具创新意识，更具突围能力，这样的企业就能成为"巨人公司"。一言以蔽之："用强则强，用弱则弱。"这就是著名的奥格尔维法则。

奥格尔维法则强调的是人才的重要性。一个好的公司固然是因为它有好的产品，有好的硬件设施，有雄厚的财力作为支撑，但最重要的还是有优秀的人才。如果只有财和物，并不能带来任何新的变化，而拥有大批的优秀人才才是最重要、最根本的。若想使公司充满生机与活力，必须选贤任能，雇用一流人才，而不能总是害怕对方超过自己。用一流的人才才能造就一流的公司。其实，敢用比自己强的能人不仅是度量问题，也是信心与能力的问题。

成功的人懂得借力使力。借力使力的妙处在于减少自身力量的无谓消耗，减小动作幅度，加快出击速度，从而达到"四两拨千斤"的效果，达到不可想象的成功。

1.借势之力

成功的人大多是符合趋势潮流的人。他们了解趋势是无价之宝，知道如何抢在消费者抵达前，到达他们所在的位置，并给消费者提供他们还不知道的事物，这就是成功。因此，如果一个人想在某一方面成就事业，不仅要顺势而为，还要会造势，抓住趋势，而不是坐等趋势，等所有的条件都成熟时再动手。

2.借他人之力

借他人之力的借力方式可以说是一个双赢的局面，一般指两个人相互合作，相互利用，各取所需。

3.借敌人之力

"四两拨千斤"最早见于王宗岳的《太极拳论》，原意指太极拳技击术是一种含高度功力技巧，不以拙力胜人的功夫。太极拳功深者，以触处成圆、引进落空、避实就虚等技法使外力难以作用于自己身上，又以敷盖、封闭等技法使对手无法发力，从而体现出太极拳独特的技击特点。这一概念不仅体现了武术中的技巧与智慧，也反映了中国传统文化中"尚巧善变"的技术特色，强调以小力胜大力，以柔对刚，借力打力。如今这句话也被有智慧的人用在实际生活中。借力发力不费力，有智慧的人懂得借力发力，而这也是成功的一大法宝。

4.借人之长，补己之短

俗话说："尺有所短，寸有所长。"世界上没有完全相同的两片叶子，一个人再完美，也不可能掌握世界上所有的知识和技能；一个人再无知，也有自己的长处。因此，做人要学会尊重别人，善于学习别人的长处，借别人的智慧为己所用，弥补自己的不足。现代社会是一个互相学习的社会，如果一个人想获得更大的成功，就要汲取他人的优点。

不管一个人处在哪个阶段，他若想让自己站在世界的最高峰，就要学会把社会上的各种服务机构变成自己的"外脑"，借他人的智慧，增强自己的竞争力。古人云："下君尽己之力，中君尽人之能，上君尽人之智。"善于"借脑"的人往往能够集众人智慧于一身，办众人无法办成之事。

第二节　基于经济学思维的扁平化管理分析

所谓扁平化管理，是指企业通过减少管理层次、压缩职能部门和机构、裁减人员，尽可能减少企业的决策层和操作层之间的中间管理层次，以便企业快速地将决策权延至底层，从而为企业提高效率而建立的富有弹性的新型管理模式。它摒弃了传统的金字塔状的企业管理模式中诸多难以解决的问题和矛盾。

在 20 世纪 90 年代后期，杰克·韦尔奇被称为"全球第一首席执行官"。1981 年，当他就任通用公司首席执行官时，公司机构臃肿，从董事长到现场管理员之间的管理层数目，多达 26 层，管理非常混乱。杰克·韦尔奇上任后，顶住各方压力，对企业内部进行扁平化改造，使公司管理层级数锐减至 6 层，彻底瓦解了自 20 世纪 60 年代就深植于组织内部的官僚系统，不但节省了大笔开支，还极大地提高了管理效率，企业的经济效益因此大幅提高。相对于传统的金字塔状的企业管理模式而言，扁平化管理存在以下几点优势：

第一，企业管理层次减少，控制幅度扩展。

信息化、网络化技术的发展，健全的规章制度和流程化管理的形成，使企业的管理幅度得到扩展，企业的中间管理层次也就相应地缩减；而扁平化管理就是将原先承担上传下达任务的中间管理层次减少。

第二，企业适应市场变化的能力提高。

金字塔状的企业对快速变化的市场反应迟钝，而扁平化管理的决策触角直接伸向市场，能根据瞬息万变的信息及时决策，并能立即得到响应和执行。

第三，分权管理成为一种流行趋势。

金字塔状的企业实行的是绝对集权管理，要求下属绝对地服从上级命令、听从指挥；而扁平化的企业实行的是分权管理为主，权力中心下移，各基层组织之间相对独立，尽量减少决策在时间和空间上的延迟，这将提高决策的民主化和决策的效率。

第四，优秀的人才资源更容易成长。

在金字塔状的企业中，各个管理层和操作层被动地接受和完成任务，在缺乏主观能动性的环境中长期被教化，成长的周期更长，能成长起来的人才更少。但一个企业家无法组成优秀的企业，需要一大批人才优化组合才能支撑一个优秀的企业。扁平化管理中，仅有的几个层次的管理人员，尤其是一线管理人员，必须直接面对市场，独立行使众多原来由高层拥有和行使的职能，这对管理人员的组织管理能力和决策能力提出了更高的要求，在实战中管理人员可以更快地成长起来，也更容易形成彼此互补、彼此合作的团队。

扁平化管理如今已在世界范围内被广泛应用。以产品销售渠道的扁平化为例，传统的销售渠道是多层次批发，渠道环节多，渠道链上的经销商数目呈指数级发散，这是一种典型的层级结构组织形式。但当前大多数优秀企业已经摒弃了这种渠道形式，以扁平化的渠道形式代之。扁平化趋势表现在渠道层级减少，渠道缩短，而渠道宽度大大增加。这也正是扁平化销售渠道非常显著的两个特点，即渠道直营化、渠道短宽化。

在互联网出现之前，市场信息的传递只能通过电话、传真、信函等方式进行，公司难以处理众多经销商提供的、来自市场的大量原始信息，企业的信息反应能力极其缓慢。在当时的情况下，金字塔状的渠道结构有利于信息的处理。但是，随着世界性经济结构的调整和科技的进步，如今，企业规模已不再是决定企业最终命运的决定性力量，灵活性和适应性将成为决定企业参与市场竞争成败的关键。特别是随着信息技术的发展、电子商务的出现和知识经济时代的到来，今天的企业所处的经济环境已经发生翻天覆地的变化。在多媒体技术、网络传输技术、卫星通信技术等现代高科技手段的有力支撑下，依靠功能强大的办公软件、营销管理软件等，企业能够轻松地实现对大量数据信息的集中快速处理，在第一时间将高价值信息传递给高层决策者、供货商、经销商与合作伙伴，实现"一网打尽"。

这就从根本上动摇了经典管理理论中"管理幅度"论的理论基础，使许多原来仅起到"信息中转站"作用的中间管理层变得多余，这在一定程度上促使许多企业开始推行扁平化管理，即当企业扩大规模时，原来加强管理的思路是增加管理层次，而现在的思路却是增加管理幅度。

综上所述，扁平化管理不只是要节省开支，更重要的是要改善管理的功能。扁平化管理不仅为企业节省了费用，而且加速了企业内部的沟通，将原本属于企业的"控制"与"责任"交还给企业自身。

企业管理实现扁平化的方法有以下几种：

第一，减少机构，减少层级。精简人员的前提是梳理工作项目，对流程进行明确、固化、优化处理。

第二，明确部门职责，制订年度、月度工作计划表。这项工作看起来简单，往往企业难以做到位。就平常的交流而言，很多部门都是被"牵着鼻子走"，都是"按照领导的安排"，不去主动掌控，而是被动接受。领导与下属之间缺乏及时有效的沟通，都是电话安排、口头布置、临时通知，信息传递不及时、不全面，工作质量肯定大打折扣。

第三，建立岗位说明书体系，尤其是任职资格体系，企业不能简单地用"学历+专业+工作年限"的硬性评价指标，软指标（如学习能力、人际沟通、职业品德等）也需要纳入考虑范围。笔者建议，企业人员的选拔和任用，应由部门经理负责，人力资源部提供支持。

第三节　　基于经济学思维的完全竞争市场分析

牛顿第一定律告诉人们："一切物体在不受任何外力作用的情况下，会保持匀速直线运动状态或静止状态。"让一个小球从一个斜面上由静止状态滚动下来，并爬上另一个斜面，假设没有摩擦力，它就会上升到原来的高度。如果逐渐减小第二个斜面的倾斜角度，并使它最终成为水平面，小球就会沿着这个平面以均匀的速度一直运动下去。因为在现实中无法彻底消除摩擦力，所以这个实验是无法做到的，但是这种理想实验的方法却非常重要，因为它忽略了次要因素，抓住了关键因素。

在经济学中，也有类似物理的理想实验。在这里提到的"完全竞争市场"，严格来说，就是一种理想市场，在现实中是不存在的。

完全竞争市场，又被称为纯粹竞争市场，是指购买者和销售者的买卖行为对市场价格没有任何影响的市场结构。它的特点主要表现在四个方面：第一，市场上有无数的买者和卖者；第二，同一种产品都是同质的，没有差别；第三，市场资源是完全自由流通的；第四，所有人都掌握着关于市场的全部信息。

为了便于理解，人们对这四个特征做一些补充说明。既然市场上有大量的需求者和供给者，那么其中任何一个人买或不买、卖或不卖，都不会对整个商品市场的价格产生影响；既然产品都是一样的，那么对消费者来说，购买任何一家厂商的商品都是一样的；既然信息是非常充分的，那么就排除了由于信息不畅可能产生的市场同时存在几种价格的情况。价格只能是一种，否则顾客会去购买最便宜的商品。在这样的完全竞争市场里，商品的价格将彻底由市场供给和需求决定，并且每一种商品都会在最后形成一种均衡价格，也就是当市场供需相等时的价格。

虽然理想实验固然无法付诸实践，但还是可以利用小球和木板进行类似的模仿。完全竞争市场也是如此，人们可以在现实中找到相似的市场，如鸡蛋市场，然后用完全竞争市场的四个特征来分析：

如果一个人去菜市场，他就会发现，很多人都要去买鸡蛋，而且卖鸡蛋的商贩也很多，鸡蛋的大小个头没有太大的差别，只要不是坏的，没有人会特别在意买什么样的鸡蛋、买哪家的鸡蛋。至于鸡蛋的信息更是没有人会刻意地去掌握。在这个鸡蛋市场里，各个摊位的价格都差不多，而且是由供需决定的均衡价格。那么，这里还有个问题，在完全竞争市场或者近似的市场里，因为同质同价，卖方究竟怎样才能获取更多的利润呢？难道只能靠运气的青睐吗？的确，在这样的市场里，卖方完全受市场支配，竞争激烈，在产品相同的情况下，卖方就不得不在降低成本上大做文章。除此之外，卖方还要进行价格外的营销竞争，如提供热情周到的服务、把鸡蛋装进盒子便于顾客提携、给鸡蛋贴上商标等，都可以吸引更多的顾客。

通过这些分析可以发现，在完全竞争市场下的商家处于一种完全由市场支配的状态。为了获得更多的经济利益，商家一味由市场支配是不行的，要通过各种途径去改变这种被支配的地位，商家要提高自己的服务水平、采取各种营销手段，提高自己的产品在市场上的竞争力，来避免这种完全竞争市场的出现，这样才能提高自己在市场上的占有率，从而提高经济收益。

完全竞争市场的缺陷主要表现在以下几个方面：

第一，完全竞争市场在现实生活的前提条件下很难实现。

第二，完全竞争市场会造成资源的浪费。在完全竞争市场的条件下，效率更高的企业，或产品更能适应消费者需要的企业不断涌进市场，而那些效率低的企业，或产品已不能适应消费者需要的企业不断地被淘汰出市场。小企业在外来干扰的冲击下很容易在竞争中失败，这是完全竞争市场条件下的正常现象。

第三，完全竞争市场中完整的知识假设是不现实的。一般情况下，无论生产者还是消费者，都只能有不完整的知识。生产者对其在现实市场中的地位、将来发展的动向及影响市场的各种因素等，都不可能完整地掌握，只能经常在不确定的世界中活动。消费者不可能完全掌握特定市场上全部产品的情况，同时，市场信息也不可能畅通无阻而且非常准确。所以，市场参与者都不可能具有全面、准确的市场信息和市场知识，完整的市场知识只能是理论假设。

第四节　基于经济学思维的产品生命周期分析

1966年，美国经济学家雷蒙德·弗农在其著作《产品周期中的国际投资与国际贸易》中首次提出"产品生命周期"理论，概括了一种产品从进入市场开始，直到被市场淘汰的整个过程，是产品在市场中的营销寿命。

雷蒙德·弗农认为，产品在市场中要经历"介绍（引入）、成长、成熟、衰退"四个阶段构成的生命周期。但是，这个周期在不同的技术水平里，发生的时间和过程是不一样的，不同的技术水平之间往往存在着较大的时差。这一时差反映了同一产品在不同国家的市场中竞争地位的差异，由此决定了国际贸易和国际投资的变化。

一般来说，产品在介绍期，销售额和利润额增长缓慢，利润多为负数；当销售额迅速增长，利润由负变正并快速上升时，产品进入成长期；当销售额增长放慢，利润增长停滞时，产品进入成熟期；当销售额快速递减，利润也较快下降时，说明产品已经进入衰退期。伴随着产品寿命周期的各个阶段，企业也要采取相应的措施。这里特别要指出的是，当产品进入成熟期时，要对产品进行改革，增加其新用途、新特征，从而延长其寿命，避免过早地进入衰退期。

值得注意的是，不同的产品，其生命周期亦常常不同。例如，时装的生命周期只有几个月，而汽车的生命周期已经能够达到 100 年。各种产品生命周期的曲线形状也有差异。有的产品一进入市场就快速成长，迅速跳过介绍期；有的产品可能越过成长期，直接进入成熟期；还有的产品可能在经历了介绍期后，未成长起来，直接迈向衰退期，此类商品大体可视作"夭折"。

目前，随着科技的飞速发展和市场竞争的日益激烈，各个公司都在努力赶超同类产品，这使得产品的更新换代不断加快，显著特征就是产品的生命周期不断缩短，特别是在微电子、电子计算机和新材料等高科技产业，其新产品和新工艺的开发已经达到空前的速度。例如，IT（information technology，信息技术）产业技术创新以 18 个月为一个周期，每过 18 个月，芯片的集成度和运算速度提高一倍，而此前的芯片价格下降一半。因此，在当今的形势下，研究产品生命周期的规律，必须与技术创新紧密地结合起来。下面以手机市场的产品生命周期为例加以说明：

第一，介绍期。

产品在这个过程中的销售量较少，而且增长比较缓慢。作为电子产品，一款新手机在进入市场后需要区分两种情况：一种是有着创新技术的新产品，某些特征属于首次出现，在营销策略上需要及早确立市场"领头羊"的地位。一般来说，具有创新意义的新产品会获得很大的成功机会。另一种则是属于市场同质化的产品。当面对市场上的众多产品时，人们在这类产品的介绍期内，更应该关注对价格的定位和相应的推广策略。

第二，成长期。

在这一时期，产品得到市场认可，销量开始快速增长。当然，如果产品没有获得市场认可，就可能立即进入衰退期，成为失败的"短命产品"。在成长期里，竞争者们虽然也发现了这块"肥肉"，但由于手机的创新技术难以马上跟进，所以厂家依然保持价位，并尽力延长这个阶段。竞争品一旦出现，竞争对手就很可能改进了原有创新的不足，同时会以价格战来冲击市场。面对这种情况，原来的领先者也只能通过降价来进一步激发市场份额，提高销售量。

第三，成熟期。

在这一时期，产品的销售量达到了某种程度，并将放慢增长速度甚至停止增长。此时消费者对其已经有了全面认知，其销售渠道也基本达到了最大化，因此，这一时期应该是厂商最为轻松的阶段。虽然经过调整后，产品价格已经比较低，但由于销量较大，利润依然可观。手机的成熟期往往是该产品最长的生命阶段，厂家会通过各种形式的变化或组合来吸引新的消费者。比如，很多产品在步入成熟期后，将着重宣传原来被消费者忽视或者遗忘的销售卖点，以实现销售量的提升。此时由于竞争产品不断增加，市场有可能出现生产过剩的苗头，而这也预示着此产品开始步入衰退期。

第四，衰退期。

在这一时期，产品的销售下滑趋势无法阻止。其原因在于技术过时、消费者兴趣发生变化及竞争加剧。但是需要指出的是，有时候厂商无法清醒地认识衰退期，或者说无法接受这个事实，对已经处于衰退期的产品继续投入大量资金，结果只能是"越投入，越亏损"。尤其是像手机这样的快速消费品，降价频率快，在衰退期清货越慢，零售价格就会越低，就会更容易导致亏损。所以此时最好的办法就是快速降价和清货，宁肯亏损，也要尽快处理完。

虽然产品生命周期模型提供了许多有价值的信息，但是目前这种理论仍是营销决策的辅助参考工具，而不是主要决策工具。这是由于产品生命周期的曲线变化充满变数，产品的销售成功与否和各种外界因素有关。例如，当手机销量衰退时，也许是因为覆盖的销售门店数量不够。如果这时贸然判断手机已经进入衰退期，采取"降价清库"的行为，就有可能导致利润骤降甚至亏损。因此，决策者除了借助产品生命周期理论，还需要对各种影响产品销售的因素进行全面考虑，以努力形成准确的、全方位的判断。

企业在产品生命周期各阶段应采取的营销策略具体表现在以下方面：

第一，介绍期营销策略。

快速撇脂战略，即以高价格和高促销水平的方式推出新产品。采用这一战略的假设条件如下：

①潜在市场的大部分人还没意识到该产品的存在。

②知道它的人渴望购买并且具备购买能力。

③公司面临着潜在的竞争，试图建立品牌偏好。

缓慢撇脂战略，即以高价格和低促销水平的方式推出新产品。采用这一战略的假设条件是：

①市场规模有限。

②大多数市场已知晓这种产品。

③购买者愿意出高价。

④潜在竞争并不迫在眉睫。

快速渗透战略，即以低价格和高促销水平的方式推出新产品。采用这一战略的假设条件是：

①市场是大的。

②市场对该产品不知晓。

③大多数购买者对价格敏感。

④潜在竞争很激烈。

⑤随着生产规模的扩大和制造经验的积累，公司的单位制造成本会下降。

缓慢渗透战略，即以低价格和低促销水平的方式推出新产品。采用这一战略的假设条件是：

①市场是大的；

②市场上该产品的知名度较高；

③市场对价格相当敏感；

④有一些潜在的竞争。

第二，成长期营销策略。

成长期营销策略主要包括以下五个方面：

①公司改进产品质量和增加新产品的特色和式样。

②公司进入新的细分市场。

③公司进入新的分销渠道。

④公司广告的目标，从产品知名度的建立转移到说服消费者接受和购买产品上。

⑤公司在适当的时候降低价格，以吸引要求低价供应的另一层次价格敏感的购买者。

第三，成熟期营销策略。

一是市场改进。销售量有两个因素要素，分别是品牌使用人数量和每个使用人的使用率，这两个要素为品牌扩大市场创造机会。销售量=品牌使用人数量×每个使用人的使用率。扩大品牌使用人数量有三种方法，即转变非使用人、进入新的细分市场、争取竞争对手的顾客。产品数量可以通过设法让当前品牌使用者增加使用率来提高，即增加使用次数、增加每个场合的使用量、开发现有产品新的用途。

二是产品改进。产品经理还应努力改进该产品的特性，使其能够吸引新客户或增加现行客户的使用量，以提高销售。产品的再次推出可采用几种形式，即质量改进、特点改进和式样改进。营销组合改进就是产品经理通过改进营销组合的一个或几个要素来刺激销售，主要包括价格、分销、广告、销售促进、人员推销和服务等。

第四，衰退期营销策略。

一是辨认疲软产品。建立辨认疲软产品的制度，公司任命一个有营销、制造和财务代表参加产品审查委员会，由其拟定一套辨认疲软产品的制度，根据提供的各种产品的资料，运用电子计算机程序分析，确定可疑产品。

二是决定营销战略。公司必须对在市场上坚持的时间和方式做出决定，区别出公司面对的五种衰退战略：增加公司投资；在未解决行业不确定因素时保持现有的投资水平；有选择地降低投资态势；提高利润、快速回收现金；处理资产、放弃该业务。

三是放弃决策。当公司决定放弃一个产品时，它面临着进一步的决策：必须决定把产品出售或转让给别人或完全抛弃；必须决定是迅速还是缓慢地放弃该产品；必须决定为从前的顾客保留多少部件库存量和维修服务。

第五节　基于经济学思维的蓝海战略分析

蓝海战略是一个新兴的经济名词，是针对红海战略而言的。在经济竞争的过程中，市场空间假设由两种海洋组成：一是红海，二是蓝海。前者代表目前已存在的一切行业，即已知的市场空间；后者代表尚未出现的行业，即未知的市场空间。在竞争过程中，传统意义上呈收缩趋势的竞争市场通常是红海战略的特征，而蓝海战略要求企业突破传统的竞争，去拓展一个新的、非竞争性的市场空间，即蓝海战略的侧重点是创造需求与突破竞争。

19 世纪 50 年代，美国西部发现大片金矿，无数人如潮水般涌向荒凉的西部。有个 20 岁出头的小伙子，名字叫李维·斯特劳斯，他也抵挡不住黄金的诱惑，加入浩浩荡荡的淘金人潮中。李维·斯特劳斯来到旧金山，由于淘金者甚多，他当机立断，放弃从沙土里淘金，改从淘金者身上淘金。他在当地开办了一家销售日用百货的小店，生意十分兴旺，但是采购的帐篷、马车篷用的帆布却无人问津。为处理积压的帆布，李维·斯特劳斯试着将其裁成低腰、直腿筒、臀围紧小的裤子，兜售给淘金工。由于帆布裤比棉布裤更耐磨，所以大受淘金工的欢迎。李维·斯特劳斯变卖了小百货店，开办了专门生产帆布工装裤的公司。就这样，李维·斯特劳斯开创了历史——牛仔裤诞生了。在鼎盛时期，李维·斯特劳斯的牛仔裤在美国市场一年就可以卖掉5亿条。

这是蓝海战略的一个经典案例。身处红海的企业如果想战胜竞争对手，就要像李维·斯特劳斯一样攫取已知需求下的更大的市场份额，而当市场空间因竞争变得拥挤时，任何企业的利润增长都将减缓甚至停止。在红海中，通常市场上的产品都是常规商品，竞争者们采取价格战等竞争方式，也让红海变得更加血腥。

蓝海是指未开垦的市场空间，存在创造需求和实现利润飞速增长的机会。在现实中，有一些蓝海是在现有的红海领域之外创造出来的，可这并不会妨碍蓝海战略的作用，绝大部分蓝海还是通过扩展已存在产业的边界形成的。

尽管还有不少人对蓝海感到新鲜与陌生，但它在人们身边由来已久，是过去、现在和未来一切经济生活固有的组成部分。企业如果想在充满竞争的红海中生存发展，最佳选择就是在红海市场外开辟一片蓝海市场，也就是开发出新的市场空间，创造出新的市场需求。

创新产品，挖掘和引领顾客的需求，在今天的红海战略中已经被许多企业作为战略手段采用。尽管这种追求差异化的手段在一定的时间内实现了某种垄断，可是从长远来看，最终还是无法摆脱竞争的宿命。此外，在蓝海战略取得成功后，必然会出现竞争对手跟进与模仿的现象，这时蓝海又会在短期内变成红海，所谓的蓝海也就成为昙花一现。因此，蓝海的战略家就要继续开发新的蓝海。由于企业的内外环境不断变化，再加上未来环境的不可预知性，蓝海在发展到一定的程度后，也极有可能进入"死海"。

可以说，竞争是企业的宿命，也是一种市场游戏规则。企业如果想实现可持续发展，就不能只追求利益，忽视其他社会群体，而应该将社会责任扩展到整个社会关系。企业如何在竞争中开发属于自己的蓝海战略，主要表现在以下几个方面：

第一，剖析蓝海战略的意义在于价值创新。

价值创新战略的行动能够为企业和买方创造价值的飞跃，使企业彻底摆脱竞争对手，并将新的需求释放出来。蓝海战略为企业参与竞争提出了鲜明的市场指导原则：要么创新，要么死亡。这是永恒的企业生存法则。

第二，唯有基于客户价值的创新才是奠定企业蓝海战略的基石。

有无战略行动是区别开创蓝海成功者和失败者的重要因素。战略行动的逻辑是不把精力放在打败竞争对手上，而是放在全力为买方和企业自身创造价值的飞跃上，并由此开创新的、无人争抢的市场空间，以彻底甩掉竞争对手。

第三，开创蓝海的成功者和失败者之间没有明确的界限。

只有当企业把创新与效用、价格、成本整合在一起，并基于为客户创造价值，并能实现这种价值的"差异化"或"低成本"时，才可能实现企业的长期发展。

蓝海战略向企业经营者勾勒出很多产业共有的规律：一是没有永远卓越的产业；二是没有永远卓越的企业；三是开创蓝海不等于技术创新，其关键是价值创新。

第六节　经营管理中的经济学思维启示

企业经营要注意节俭，就连世界知名的大企业沃尔玛都不例外。作为全球著名的零售商，"天天平价"是沃尔玛的标志，有很多人搞不懂沃尔玛经营成功的秘密，因为从商品价格来看，它的利润并不是非常大，而且企业大，成本也很高。实际上，沃尔玛的成功之道在于控制成本，他们坚信节约的都是利润。

沃尔玛的成功，离不开它的严格管理，离不开"俭"。严格控制管理费用，节省成本贯穿在企业经营的每一个环节。

沃尔玛不浪费、不铺张，严格控制管理费用，将每一分钱都花在需要的地方。勤俭才能持家，同样，也只有勤俭才能经营好企业。沃尔玛赢在"吝啬"，赢在勤俭。当然，沃尔玛也有"阔气"的时候，那就是在兴办公益事业上。创始人山姆·沃尔顿为大学生设立了多项奖学金，而且还向5所美国的大学捐出数亿美元。

在商业社会中，利润是支持企业发展的最大动力，也是企业追求的最终目标。一直以来，如何获取利润是备受关注的话题。对于企业来说，利润是赖以生存的生命线，企业每一项举措都是为了增加利润，企业的存在就是为了营利。

除了企业产品在市场上的利润空间，影响盈利最重要的因素就是成本费用，获得同样的收益时，如果付出的成本越多，自然盈利就越少。因此成本控制成了现代企业的管理精髓。

所谓成本控制，是企业根据一定时期预先建立的成本管理目标，由成本控制主体在其职权范围内，在生产耗费发生前和成本控制过程中，对各种影响成本的因素和条件采取一系列预防和调节措施，以保证成本管理目标实现的管理行为。

再庞大的企业也是由每一台机器、每一份材料加上每一名员工组成的，如果每一名员工都能爱护机器、节约材料，那么企业必然能走得远；反之，资本再雄厚的企业也经不起长期浪费。节约成本是一句很宽泛的话，说起来很容易，但是真正做起来就需要每个员工的细心和耐心。创收的功劳常被称赞，而节支的贡献有时候却不为人知。

在企业发展战略中，成本控制处于极其重要的地位。如果同类产品的性能、质量相差无几，那么决定产品在市场竞争中的主要因素就是价格，而决定产品价格高低的主要因素则是成本。只有降低成本，才有可能降低产品的价格。

追求利润是企业管理永恒的主题，也是每位员工都要关注并且努力实现的目标。为了实现这个目标，每位员工都要从身边的小事做起，以企业利益为重，节约每份资源，节约每项成本，从而达到提高效益、增加利润的目的。在企业经营过程中无处不涉及资源的消耗和费用的支出，作为企业的一名普通员工想为企业节约开支其实很容易。只要每个员工从小事做起，从节约一张纸做起，集腋成裘，长此以往，因节约成本而增加的利润是惊人的。

在微利的时代，节约下来的每一项费用，无疑都会为企业增加利润，但这只是为企业创造利润的一个方面。那么怎样才能在微利的时代创造高利，才是关系企业生存的根本问题。企业要想更好地发展，更快地适应这个社会，不被社会淘汰，控制生产的成本才是更有效的手段。有调查称，办公成本占企业营运成本的75%以上，因此，企业节省成本应该先从节省办公成本入手，应遵循以下原则：

第一，办公总成本要降低，而单项成本可以有升有降，最终要确保办公的效率不受降本的影响。

第二，尽量减少硬件投入，采取"共享"的办法。

第三，提高企业经营的资本周转能力、流通能力和财务监控能力。

第四，简化办公流程，减少办公消耗。

第五，选择合适的媒体自我宣传和传播。

第六，外包专业服务。

第七，量力而行，多参加电子政务、电子海关、电子商务，以减少有关费用。

第八章　生产生活视域下的经济学思维研究

第一节　基于经济学思维的恩格尔系数分析

从前，人们见到熟人都爱问一句"吃了吗"，可见那时"吃"在人们的生活中占有非常重要的地位。如今这样的打招呼方式渐渐少了，大概是因为"吃"对于当下的国人来说已经不是最重要的事情，人们有更多的钱用于教育、健身、旅游、娱乐等更有趣的事情。下面将以一个普通人的家庭消费结构为例进行论述：

某人开了一家公司，每月可获得利润 8 000 元；他的妻子正在攻读博士学位，有时在家做兼职赚点自己的书本费，由于时间关系，没有固定收入；他们有一个儿子，正在一所幼儿园上学。因此，他们的家庭总收入为每个月 8 000 元。他们一家每个月的开销：住房是结婚时双方父母共同资助买的，没有住房支出；饮食支出大约为 1 000 元；其他支出，如娱乐、健身、美容、服装等，一共花销 2 600 元；用于孩子身上的开销，如玩具、书本、学费等，大约 1 400 元。因此，他们的家庭总支出为每个月 5 000 元。其中，饮食支出仅占所有消费开支的 20%，而其他支出，如教育、娱乐、健康等所占份额较大。由此可见，这一家的生活水平较高。从某种角度上看，食品支出在家庭收入中所占的份额反映了生活水平的高低。经济学家很早就研究了这个现象，上面提到的食品占总消费的比例就是恩格尔系数。

恩格尔系数，即食品支出总额占个人消费支出总额的比重。恩格尔系数是德国经济学家恩斯特·恩格尔提出的衡量居民生活水平的计算方法。这个方法表明，随着居民收入的增加，耗费在食品上的支出比例就会减少。这个系数的数值越小，表明居民在食品上的支出越少，生活水平越高。根据联合国粮食及农业组织提出的标准，恩格尔系数超过 59% 为贫困，50%～59% 为温饱，40%～50% 为小康，30%～40% 为富裕，低于 30% 为最富裕。

恩格尔系数一经提出，就获得了西方经济学界的广泛认可。在我国，恩格尔系数也较早被应用在统计工作中。计算恩格尔系数一般采用各地的城乡住户调查资料。国家统计局 2018 年 3 月公布的年度经济数据显示，2017 年全国居民恩格尔系数为 29.3%，这是我国恩格尔系数首次处在低于 30%的水平。2019 年 1 月，全国居民恩格尔系数为 28.4%，比上年下降 0.9 个百分点。

但是，恩格尔系数这个衡量指标不是万能的，它有时会出现失灵的情况。根据定义，恩格尔系数低于 30%为最富裕。然而，全国居民的恩格尔系数已经低于 30%，却并不意味着全国居民已经进入"最富裕"的生活状态。例如，在贫穷地区，人们长期以来形成了"勒紧腰带过日子"的习惯，恩格尔系数较低，但生活水平并没有提高。众所周知，在家庭收入不增加或增加十分有限，而学费、医药费等刚性支出的急剧增加时，一个现实的选择就是通过压缩食品支出来保持家庭总支出规模基本不变。正是这种情况直接导致收入与恩格尔系数"双低"现象的产生。此外，不同地区的消费习惯也会影响恩格尔系数。例如，"吃在广东，穿在上海"，是对广东和上海两地消费习惯的高度概括。广东的恩格尔系数较高，与长期形成的饮食消费习惯不无关系，这说明恩格尔系数忽略了消费习惯的差异。

因此，当用恩格尔系数来考量生活水平时，要考虑剔除一些干扰因素。在运用恩格尔系数进行国际和城乡对比时，要考虑剔除那些不可比因素，如消费品价格不同，居民生活习惯的差异，以及由于社会经济制度不同产生的特殊因素。

第二节　基于经济学思维的买卖商品分析

人们每天吃、喝、穿、用、行……样样离不开商品。只要有钱，人们随时可以买到想要的各种商品。但究竟什么是商品？

商品，必须是劳动产品。如果不是劳动产品，就不能成为商品。比如，自然界中的空气、阳光，虽然是人类生活所必需的，但这些都不是劳动产品，因此它们不能被称为商品。

商品，还必须用于交换。如果不是用来交换的，即使是劳动产品，也不是商品。比如，在男耕女织式的传统家庭生产模式下，家庭所产出的粮食和布，虽然都是劳动产品，但只是供家庭成员自己使用，不用来与他人交换，也不是商品。

因此，商品可以简单概述为用于交换的劳动产品。

商品并不是在人类出现之时就有的，而是人类社会发展到一定历史阶段的产物。商品的产生，必须具备以下两个条件：

一是社会分工，它是商品产生的基础。因为社会分工，才有了交换的要求和进行交换的可能。社会分工的特征，表现为每一名劳动者只从事某种局部的、单方面的劳动，只生产某些甚至某种单一的产品。人们的需求是多方面的，为了满足多方面的需求，生产者必然要用自己生产的产品去交换自己不生产而又需要的产品。这种商品生产和商品交换就是商品经济。

二是所有权不同，它是商品产生的前提。因为生产资料和劳动产品属于不同的所有者，才发生了交换行为。在私有制的条件下，产品交换的双方成为独立的利益主体，成为经济利益的对立面，这就决定了双方的交换只能是等式，即商品经济中的等价交换原则。劳动产品的交换既然是等价的商品交换，那么生产者的生产过程，就成为以直接交换为目的的商品生产过程。

总之，商品既是社会分工的产物，也是私有制的产物。

第三节　　基于经济学思维的保障性住房分析

"民以食为天，家以居为先"。住房本是人们生活的一项基本需求，如今却成为影响人们幸福的一个严峻话题。房地产是我国的重要支柱产业之一，近二十年来由于房地产商追求高利润，房地产畸形发展，渐渐成为暴利行业。在狂热的房产市场中，商品房价格节节攀升，已建好的楼盘和在建的楼盘数不胜数，但很多百姓因为房价过高，望而却步。在这种情况下，国家大力加强保障性住房建设力度，进一步改善人民群众的居住条件，以促进房地产市场的健康发展。

2007 年，国务院发布了《国务院关于解决城市低收入家庭住房困难的若干意见》，明确提出"进一步建立健全城市廉租住房制度"、"改进和规范经济适用住房制度"和"逐步改善其他住房困难群体的居住条件"等多条规定。其中，对于廉租房，当地政府可以根据本地具体情况确定每平方米租赁的补贴标准，对于经济适用房，其建筑面积控制在 60 平方米左右，并且，各地每年都要安排建设一定规模的经济适用房。进入 2008年，各地政府推进保障性住房建设的力度进一步加大。2008 年年底，国务院发布了《国务院办公厅关于促进房地产市场健康发展的若干意见》，提出加大保障性住房建设力度。通过各类保障性住房建设，中国大量城镇低收入家庭和中等偏下收入家庭住房困难问题得到解决。目前，我国的保障性住房主要包括经济适用房、廉租房、公租房、定向安置房、两限商品房等。

第一，经济适用房。

经济适用房属于福利性政策住房的范畴，主要面向低收入家庭，具有经济性和适用性的双重特点。经济性是指住宅价格相对于市场价格比较适中，符合中低收入家庭的承受能力；适用性是指在住房设计及其建筑标准上强调住房的使用效果，而非建筑标准。

第二，廉租房。

廉租房是政府或机构以租金补贴或实物配租的方式，租赁给低收入家庭的住房。廉租房的特点是只租不售，房源比较多样，包括新建的住房、空置的楼盘及改造危房、老旧公房等。

第三，公租房。

公租房即公共租赁房，是指通过政府或政府委托的机构，按照市场租价向中低收入的住房困难家庭提供的可租赁的住房，同时，政府对承租家庭按月支付相应标准的租房补贴。公租房适用于家庭收入高于享受廉租房标准，但无力购买经济适用房的低收入家庭。

第四，定向安置房。

定向安置房是政府进行城市道路建设和其他公共设施建设项目时，对被拆迁住户进行安置所建的房屋。安置的对象是城市居民被拆迁户，也包括征地拆迁房屋的农户。

第五，两限商品房。

两限商品房即"限套型、限房价"的商品住房。这种保障性住房是经城市人民政府批准，在限制套型比例、限定销售价格的基础上，以竞地价、竞房价的方式，招标确定住宅项目开发建设单位，由中标单位按照约定标准建设，按照约定价位，向符合条件的居民销售中低价位、中小套型普通商品住房。两限商品房不是严格意义上的"保障性住房"。

综上所述，保障性住房通常是根据国家政策及法律法规的规定，由政府统一规划，提供给特定的人群使用，并且对该类住房的建造标准和销售价格或租金标准给予限定，给居民提供一定的优惠。这些保障性住房能够改善城市低收入居民的居住条件，对提高人民的生活质量水平、促进社会和谐稳定具有非常重要的意义。

第四节　　基于经济学思维的财务税收分析

人们往往觉得交税是那些高收入群体的事，与个人关系不大，即使达到交税的上限，也不过是缴纳一些个人所得税。事实真的是这样吗？答案是否定的。根据我国目前税收主要来源于流转税的特点，许多税实际已经被包含在日常的商品价格当中，也就是说个人在无形中通过购买商品被征了税。在日常生活中，税可以说是无处不在的。例如，买一件贵重首饰，要交消费税；买一套新房子，要交契税、印花税；买彩票中了奖，要交偶然所得税；工资达到一定标准，要交个人所得税等。几乎所有经济活动都要交税。"世界上有两件事情不可能逃避，死亡和税务。"既然税务不可避免，那么税务筹划也就有了非常重要的意义。

所谓税务筹划，就是纳税人通过合法、合理的手段来减少自己的税费支出，达到增加自己可支配收入的目的。2018 年修正的《中华人民共和国个人所得税法》指出，个人所得税的起征点确定为每月 5 000 元。同时，原先分别计税的工资、薪金所得，劳务报酬所得，稿酬所得和特许权使用费所得作为"综合所得"，按纳税年度合并计算个人所得税。另外，减税继续向中低收入阶层倾斜，扩大了 3%、10%、20%三档低税率的级距，缩小了 25%税率的级距，30%、35%、45%三档较高税率的级距则保持不变。此外，专项附加扣除包括子女教育、继续教育、大病医疗、住房贷款利息或者住房租金、赡养老人等支出。

在此基础上，人们可以通过以下几种方法来合理节税，以减轻个人经济负担，从而提高个人可支配收入：

一、专项附加扣除项目节税

根据税收法律制度及《个人所得税专项附加扣除暂行办法》，计算个人所得税应纳税所得额时，在 5 000 元基本减除费用扣除和"五险一金"等专项扣除外，个人还可享受子女教育、继续教育、大病医疗、住房贷款利息或住房租金、赡养老人等专项附加扣除。具体分析如下：

第一，子女教育支出。

纳税人的子女接受学前或学历教育的相关支出，包括幼儿园（3 岁以上）到博士研究生阶段，按照每个子女每月 1 000 元的标准实行定额扣除，夫妻双方共享此额度。

第二，继续教育支出。

纳税人接受学历（学位）继续教育的支出，按照每月 400 元定额扣除；接受技能人员职业资格继续教育、专业技术人员职业资格继续教育的支出，在取得相关证书的当年，按照 3 600 元定额扣除。

第三，大病医疗支出。

纳税人在一个纳税年度内自负的医药费用超过 15 000 元的部分，可以进行税前扣除，每年有 80 000 元的额度。

第四，住房贷款利息支出。

纳税人本人或夫妻双方的首套住房贷款利息支出，按照每月 1 000 元的标准定额扣除，非首套住房的贷款利息支出则不得扣除。

第五，住房租金支出。

按照纳税人所居住的城市标准，每人每月拥有 800 元到 1 500 元不等的额度。目前的标准是直辖市、省会（首府）城市、计划单列市等大城市每月扣除 1 500 元，户籍人口超过 100 万的城市每月扣除 1 100 元；户籍人口不超过 100 万（含 100 万）的城市，每月扣除 800 元。

第六，赡养老人支出。

对于纳税人赡养一位及以上年满 60 岁的老人的支出，独生子女按照每月 2 000 元的标准定额扣除；非独生子女与兄弟姐妹共享 2 000 元的额度，每人分摊的额度不能超过每月 1 000 元。

上述中，除大病医疗为据实扣除外，其余均为定额扣除，个人可以提供相关信息，由单位代扣、代缴，也可以选择向税务机关自行申报，而在申报时一定要仔细研读相关规定的细节，以便享受最大幅度的个人所得税扣除。

二、公积金节税

根据我国税务部门的有关规定，单位和个人分别在不超过职工本人上一年度月平均工资 12%的幅度内，实际缴存的住房公积金，允许在个人应纳税所得额中扣除。也就是说，职工每月实际缴存的住房公积金，只要在其上一年度月平均工资 12%的幅度内，就可以在个人应纳税所得额中扣除。因此，纳税人可以充分利用公积金来节税。

三、投资节税

广大工薪族在进行理财时，还可充分利用现有的各种理财产品来达到节税的目的。

第一，教育储蓄。

教育储蓄是国家为了鼓励城乡居民积累教育资金而设立的，《国务院关于修改〈对储蓄存款利息所得征收个人所得税的实施办法〉的决定》第五条规定："对个人取得的教育储蓄存款利息所得以及国务院财政部门确定的其他专项储蓄存款或者储蓄性专项基金存款的利息所得，免征个人所得税。"但教育储蓄并非人人都可以办理，其对象仅仅针对小学四年级以上（含四年级）的在校学生，存款最高限额为 20 000 元。

第二，国债。

国债是各种投资品中最安全的产品，也因其可免征利息税而备受投资者的青睐。根据《中华人民共和国个人所得税法》规定，个人投资国债和国家发行的金融债券利息免征个人所得税。

第三，保险。

修订后的《中华人民共和国个人所得税法实施条例》明确指出，购买符合国家规定的商业健康保险、税收递延型商业养老保险的支出，可以依法扣除。例如，符合条件的投保人购买个人税收优惠型健康险产品,其应纳所得税额按照每年 2 400 元,即每月 200 元的标准在税前扣除;同时,个人购买税收递延型商业养老保险,可以享受延迟缴纳个人所得税的优惠政策。也就是说,通过个人商业养老资金账户购买符合规定的商业养老保险产品的支出,允许在一定标准内税前扣除;计入个人商业养老资金账户的投资收益,暂不征收个人所得税,待个人领取商业养老金时再征收个人所得税。由此可见,对于大多数人来说,选择合理的保险计划,也是个不错的理财方法,既可以得到所需的保障,又可以降低税收成本。

第四,各大银行推出的人民币理财产品。

各大银行推出的基金、信托产品、黄金、外汇等,都是免税的,投资者可以投资这些理财产品进行合理节税。以基金为例,买卖封闭式基金单位或申购、赎回开放式基金单位取得的差价收入,目前暂不征收个人所得税。从基金分配中获得的收入,由上市公司和发行债券的企业在向证券投资基金派发股息、红利、利息时,扣缴个人所得税。在基金向个人投资者分配阶段,不再扣缴个人所得税。需要注意的是,从封闭式证券投资基金分配中获得的企业债券差价收入,在基金分配给个人时征税。此外,信托产品所获的收益也不需缴纳个人所得税,但由于信托产品的投资门槛和风险较高,投资者应当谨慎选择。

四、差旅费节税

根据税收法律制度规定,以现金形式或随工资一起发放的通信补贴、交通补贴、误餐费补助,视同工资薪金所得,计入工资总额缴纳个人所得税。凡是实际发生并取得合法发票的,则属于企业的正常经营费,不予缴纳个人所得税,并且可以作为企业所得税的抵减。因此,纳税人应当注意保管好差旅过程中开具的各种发票,并凭借真实有效的发票及时报销,以达到节税的目的。

第五节　基于经济学思维的过度消费分析

　　《韩非子》中有这样一篇故事。商纣王使用象牙筷子吃饭，王叔箕子为此忧心忡忡。有大臣问箕子原因，他回答："用象牙做筷子，就要用犀角美玉制成的杯盘配套；高级的器皿不能盛粗茶淡饭，必须摆上美酒佳肴；吃的是美酒佳肴，穿的自然要绫罗绸缎，住的就要富丽堂皇，还要大兴土木筑起亭台楼阁以便取乐。这样的后果让我不寒而栗。"仅仅五年的时间，商纣王肆意骄奢，断送了商朝的江山。

　　箕子对商纣王使用象牙筷子的预言，和现代经济学中的棘轮效应是同样的道理。棘轮效应，又被称为制轮作用，是指人的消费习惯形成后有不可逆性，即易于向上调整，而难于向下调整，尤其在短期内，消费习惯是不可逆的，就像有棘爪防止倒转的棘轮一样。这一效应是由经济学家詹姆斯·杜森贝里提出的，适用于人们的消费行为领域。棘轮效应说明消费者的消费取决于相对收入，即与自己过去高峰收入时的消费水平相对。其特点是消费者会随着收入提高而增加消费额，却不会随着收入的降低而减少消费额，这就造成消费者在收入缩减时，会因为高额消费而导致经济困难。例如，某公司高管有比较好的生活环境和较高的消费水平，某一天，他因某种原因失去了这份工作，但还保持着之前高收入时期的消费习惯，这必然会对他的正常生活产生影响，甚至导致其以后生活窘迫。这就是人产生棘轮效应之后会出现的情况。

　　人居于社会，棘轮效应不仅对个人有巨大的坏处，对社会也有不小的危害。资源是社会发展所不可缺少的，资源的稀缺性决定人类不能放任棘轮效应任意发挥作用，无限制地利用资源来满足人类无尽的欲望。虽然适度的欲望是促进社会发展的有力动因，但无数教训告诉人们奢侈浪费的危害是巨大的。因此，从个人的角度来说，个人对于欲望既不能禁止，也不能放纵，对于过度的甚至贪得无厌的奢求，必须加以节制。

参 考 文 献

[1]武建奇，葛扬，何自力，等."不断发展中国特色社会主义政治经济学"笔谈[J].河北经贸大学学报，2020，41（06）：1-20.

[2]李洪标.交易成本与流通费用两个概念的本质区别及其理论和实践意义[J].中国物价，2020（11）：102-105.

[3]吴军，黄涛.乡村振兴与善治的政治经济学分析[J].现代经济探讨，2020（11）：1-8.

[4]苏旭峰，蒋志辉.再认西方经济学[J].北方经贸，2020（11）：30-33.

[5]邱兆祥.经济学理论漫笔[M].北京：光明日报出版社，2015.

[6]向仁康，马嫚.应用型地方高校经济学本科专业数据分析类课程的优化探析[J].高教学刊，2020（33）：75-77.

[7]李子旸.经济学思维[M].北京：中国友谊出版公司，2016.

[8]林全杰，李建华.创新创业视角下高校经济学专业应用型人才培养模式研究[J].中国市场，2020（30）：184-185.

[9]张锦文，何风隽.习近平总书记关于马克思主义政治经济学重要论述的逻辑蕴涵[J].大连干部学刊，2020，36（09）：5-10.

[10]刘耕源，王硕，颜宁聿，等.生态产品价值实现机制的理论基础：热力学，景感学，经济学与区块链[J].中国环境管理，2020，12（05）：28-35.

[11]李广春.感悟马克思主义政治经济学的真理力量[J].红旗文稿，2020（20）：38.

[12]毛昊，刘夏.经济学视角下中国专利无效制度的改革路径[J].知识产权，2020（10）：51-63.

[13]崔锐.流通业服务"不可能三角"的理论解释[J].商业经济研究，2020（20）：21-24.

[14]王立治，姜丽.高校经济学综合模拟实验教学若干问题的再思考[J].国际公关，2020（12）：180-181.

[15]朱兰，王勇，李栀剑.新结构经济学视角下的区域经济一体化研究：以宁波如何融入长三角一体化为例[J].经济科学，2020（05）：5-18.